ELISABETH KNOBLAUCH

SOLOGLÜCK

SOLOGLÜCK

ELISABETH KNOBLAUCH

SOLO GLÜCK

Empowerment für Alleinerziehende

BELTZ

MIX
Papier | Fördert gute Waldnutzung
FSC® C089473

Dieses Buch ist erhältlich als:
ISBN 978-3-407-86818-3 Print
ISBN 978-3-407-86819-0 E-Book (EPUB)

1. Auflage 2024

in der Verlagsgruppe Beltz • Weinheim Basel
Werderstraße 10, 69469 Weinheim

Lektorat: Petra Dorn
Umschlaggestaltung: FAVORITBUERO, München
Bildnachweis: DEEPOL by plainpicture/Angel Santana Garcia
Illustrationen: © Roberto Scandola und © Antonina Yehanova

Herstellung und Layout: Sonja Droste
Satz: Publikations Atelier, Weiterstadt
Druck und Bindung: Beltz Grafische Betriebe, Bad Langensalza
Beltz Grafische Betriebe ist ein klimaneutrales Unternehmen (ID 15985-2104-100).
Printed in Germany

Weitere Informationen zu unseren Autor:innen und Titeln finden Sie unter: www.beltz.de

Ich widme dieses Buch meinen drei wunderbaren Kindern

SOLOGLÜCK

Inhalt

SOLOGLÜCK

Ein paar Worte vorab

Dies ist meine Geschichte. Die Geschichte einer Alleinerziehenden in Hamburg mit drei Kindern. Eine Geschichte, die unter anderen Voraussetzungen, in einem anderen Umfeld, ganz anders hätte verlaufen können. Vielleicht ist es aber auch deine Geschichte. Oder die Geschichte einer Freundin von dir, deines Bruders, deiner Kollegin. Alleinerziehend sein – das betrifft etwa 2,7 Millionen Menschen in Deutschland. Fast 20 Prozent aller Kinder wachsen bei nur einem Elternteil auf – in fast neun von zehn Fällen bei ihren Müttern. Manche Mütter (und Väter) überlegen, ihre Beziehung zu beenden und den Schritt ins Soloelternsein zu wagen. Und auch die Zahl jener Frauen wächst, die, ohne eine Beziehung zu haben, Kinder planen. Euch alle möchte ich ein Stück auf meinem Weg und auf dem Weg der Frauen – und einiger Männer –, die mir ihre Geschichten erzählt haben, mitnehmen.

Familien sind individuell. Und die Rahmenbedingungen spielen – gerade bei Alleinerziehenden – eine gewichtige Rolle. Lebe ich in einem Dorf, wo jeder jeden kennt? Habe ich meine Eltern als Unterstützung in der Nähe? Gibt es Hilfen anderer Art? Bin ich ganz auf mich allein gestellt? Wie viele Kinder habe ich? Von wie vielen Männern? Spielt der Kindsvater zumindest ab und zu noch eine Rolle? Und wie sieht es finanziell aus: Bin ich abgesichert oder muss ich jeden Cent umdrehen?

In diesem Buch werde ich viele Themen, die Soloeltern betreffen, gedanklich durchschreiten. Ich werde ausleuchten, was es heißt, alleinerziehend zu sein, und allgemeiner, was es heißt, eine Mutter zu sein. Ich werde den Unterschied der Lebenswirklichkeiten von Männern und Frauen herausarbeiten und mir anschauen, was die Frauenbewegung für Alleinerziehende errungen hat. Ich werde mich auf die Suche nach alleinerziehenden Vätern begeben. Und schließlich – bevor ich mir Gedanken über die Care-Arbeit mache – werde ich die finanzielle und rechtliche Situation von Alleinerziehenden ausleuchten.

Zu vielen dieser Themen haben Frauen und Männer großartige Bücher veröffentlicht, die sich in jede einzelne dieser Fragestellungen tief einarbeiten und sie ausleuchten. Was ist Weiblichkeit? Was bedeutet Mutterschaft? Was ist Feminismus? Wo finden Männer darin einen Platz? Und: Wie gestaltet sich Care-Arbeit, kann man sie gerechter aufteilen? – Das sind große Fragen, die in der näheren Vergangenheit leidenschaftlich und ausführlich diskutiert wurden. Es gibt umfängliche Literatur dazu, einige Titel werde ich in meinem Literaturverzeichnis erwähnen. In meinem Buch werde ich diese Themen vorwiegend unter dem Aspekt des Alleinerziehens betrachten.

Alleinerziehend zu sein, ist nicht so negativ, wie es oft dargestellt wird. Kinder zu haben kann großes Glück bedeuten – auch für allein erziehende Eltern. Ich werde in diesem Buch nach den positiven Seiten des Soloelternseins suchen, ohne die finanziellen, psychischen und sozialen Belastungen und Risiken zu verschweigen. Und dabei sowohl meine eigene Situation beschreiben als auch die anderer Menschen, die ihre Unabhängigkeit schätzen gelernt haben. Dabei sollte ich vielleicht betonen, dass dies kein Buch gegen Männer ist oder gegen Paarbeziehungen. Fraglos gibt es wunderbare Väter, Männer und Eltern. Dieses Buch möchte eine Lanze für all jene brechen, deren Weg anders verlaufen ist. Deren Beziehung nicht funktioniert hat oder die gar keine hatten. Und die oftmals Ex-Partner haben, die sich auch nach einer Trennung nicht so engagiert in die Kinderbetreuung einbringen.

Zuallererst möchte ich die Bezeichnung alleinerziehend unter die Lupe nehmen. Wenn man diese Bezeichnung nämlich genau betrachtet, so ist sie in weiten Teilen unsinnig, wie so vieles, was Alleinerziehenden zugeschrieben wird. Denn: Weder erziehen Soloeltern ihre Kinder allein. Noch sind sie allein, wie ich im nächsten Kapitel zeigen werde. Zudem schwingt in dem Begriff weder Stärke noch Mut mit. Nicht das Verständnis von Selbstbestimmtheit und Freiheit. Sondern etwas Defizitäres. Als würde es Frauen (und Männern), die ihre Kinder alleine erziehen, konstant an etwas mangeln. Als sei das Zu-zweit-Erziehen, als Mann und Frau, als Ehepaar der einzig richtige und ordentliche Weg, Kinder großzuziehen. Als sei nur dadurch, dass zwei Elternteile sich um die Kinder kümmern, schon gesichert, dass es diesen Kindern an nichts fehlt. Und ja, es mangelt manchen Alleinerziehenden, davon wird hier noch die Rede sein, an etwas. Wie es auch manchen Familien an etwas mangelt. Dieser Mangel ist meist finanzieller Art. Doch eine Mutter – und ein Vater –, die oder der sich alleine um die Kinder kümmert, ist nicht per se eine Person, die sich schlechter um ihre Kinder kümmert, die ihnen wenig Aufmerksamkeit zuteilwerden lässt, ihnen weniger vorliest, seltener mit ihnen in den Park oder Wald geht. Die schlechter für sie kocht, nie mit ihnen ins Schwimmbad geht oder nie dafür sorgt, dass sie Hausaufgaben machen.

Wenn dieses Buch dazu beitragen kann, dass sich der Blick auf Alleinerziehende ein wenig verschiebt – unser eigener und der von außen – dann wäre schon viel gewonnen. Denn vielleicht könnten wir mit diesem neuen Blick und mehr Zuversicht auch auf mehr Verständnis bei Ämtern, Schulen, Kindergärten und Kitas stoßen, und bei jenen, die für die politischen und gesellschaftlichen Rahmenbedingungen sorgen, den Politikerinnen und Politikern. Denn – auch das ist Realität – wir können unsere Leben noch so gut meistern, trotzdem brauchen wir und unsere Kinder auch Unterstützung. Wie alle Eltern brauchen wir eine gute Gemeinschaft, um unsere Kinder großzuziehen. Und kein Mitleid, sondern Ermutigung, Solidarität und Respekt.

KAPITEL 1

Die Kraft des Alleinseins

Plötzlich allein: Zu Beginn der Phase des Alleinerziehens ist das Gefühl von Gemeinsamkeit keines, das sich häufig einstellt. Im Gegenteil. Sind die Kinder klein, wurde man vom Partner oder der Partnerin verlassen oder hat sich getrennt, muss man vielleicht nach einer neuen Wohnung suchen, eine Arbeit aufnehmen, das Leben neu arrangieren. Diese Etappe ist zweifellos eine, in der man sich allein fühlt. Oftmals überfordert. Den Herausforderungen nicht gewachsen. In der gleichen Zeit, in der man seine eigenen Emotionen verarbeiten muss, die Angst vor dem, was kommen mag, und den Verlust dessen, was man hatte, gilt es, die Emotionen des Kindes oder der Kinder aufzufangen. Es ist eine Zeit, die viel Kraft kostet. Eine Zeit, die im wahrsten Sinne des Wortes prekär ist, vom französischen *précaire*: *unsicher, schwankend, widerruflich*. Alles steht vermeintlich kopf.

Vielleicht ist diese Phase des Lebens, diese Phase des Umbruchs, des Chaos, des Neufindens genau jene, die die Gesellschaft auch später – wenn sich die Dinge wieder beruhigt, eine neue Form angenommen haben – oft von Alleinerziehenden zeichnet: überfordert, allein, ausgegrenzt. In dieser Phase entstehen Bilder und

Mythen, die Alleinerziehenden auch später immer wieder begegnen. Mit Kindern, die außer Rand und Band sind. In einer Situation, die keine Ordnung vermittelt, keine Basis für ein gutes Leben. Eine aufgelöste Lage, die voller Neuanfänge, voller neuer Wege ist, die beschritten werden müssen.

Aber: Es handelt sich dabei um eine Ausnahmesituation, in der sich Alleinerziehende nach einer Trennung befinden, besonders, wenn das Kind oder die Kinder recht klein sind. Es ist keine Situation, die anhalten muss. Ein Netzwerk aus Freunden, Familie und Beratungsstellen kann in dieser Phase helfen, in der man sich unsicher und überfordert fühlt. In der alles zu viel zu sein scheint: die eigenen Emotionen und die der Kinder, die Vorstellungen und Ängste über die Zukunft, der schmerzvolle Blick auf das, was man sich erhofft hatte – und auch die Geschichten und Gerüchte, die man gehört hat, von verarmten, vereinsamten Alleinerziehenden. Es hilft, sich dagegen zu wappnen und zu stärken. Indem man sich austauscht, indem man mutig neue Wege einschlägt.

Plötzlich allein: Es ist ein Lebensabschnitt, in dem fast jede und jeder Alleinerziehende lernt, auf eigenen Füßen zu stehen. Lernen muss, dass da niemand ist, an den man sich vermeintlich lehnen kann. Eine Phase, in der man ständig das Gefühl hat, nicht zu genügen. Irgendetwas zu vergessen. Irgendetwas nicht zu schaffen. Man ist verletzt, man sucht nach sich selbst. Und auch wenn man in der Beziehung zu der Erkenntnis gelangt ist, dass man lieber allein sein möchte, schützt das nicht vor dem Schmerz der Trennung. Man muss ihn trotzdem durchlaufen, auch wenn man alles schon für sich geklärt hat.

Im Rückblick gibt es fast in jeder Paarbeziehung Dinge, die man mit einer rosaroten Brille betrachten kann. Momente, die einem plötzlich so wichtig und schön erscheinen. In denen man Gemeinsamkeit geteilt hat. Und sei es nur, zusammen auf dem Sofa gesessen zu haben. Für eine Zeit lang war man mit einer anderen Person sehr eng verbunden. Und selbst wenn man sich im vollen Bewusstsein trennt und überzeugt ist von der Entscheidung, so entsteht durch eine Trennung meist auch ein körperlicher Schmerz. Der eigene Körper vermisst den anderen Körper. Dem er so nahe war. Dessen Körpernischen und Falten er kannte, dessen Umarmung Vertrauen schenkte, Sicherheit. Eine Trennung hinterlässt eine leere Stelle. Eine leere Stelle, die neu gefüllt werden muss, eine Wunde, die verheilen muss. Das braucht Zeit.

Als die britische Autorin und Künstlerin Hannah Black sich nach ihrer Trennung zwingen musste, überhaupt zu essen, schrieb sie, ihr sei in den Monaten danach klar geworden, dass sie mit ihrem Partner ein besseres Paar geworden war, als sie es sich überhaupt hatte vorstellen können. »Ich war so erfolgreich ein Paar geworden, dass ich vergessen hatte, wie man eine Person ist.«[1]

Das Netz, das uns trägt

Mein Mann und ich haben viele Jahre lang versucht, ein Paar zu bleiben, eine Familie. Doch manchmal reicht die Gemeinsamkeit, die man hat, nicht aus, um einen durch die herausfordernde Zeit der Kindererziehung zu tragen. Nach zehn gemeinsamen Jahren und drei Kindern trennten wir uns, trennte ich mich von ihm. Da waren unsere Zwillingssöhne gerade in die Schule gekommen, unsere Tochter besuchte die 3. Klasse der Grundschule. Ich habe mich mehr oder weniger bewusst dafür entschieden, es allein – solo – zu wagen. Und auch wenn zum Zeitpunkt der Trennung noch nicht klar war, dass daraus auch ein großes Glück erwachsen konnte, so fühlte sich die Trennung für mich richtig an. Obwohl es eine Zeit war, in der vermeintlich alles kopf stand.

Nach einer Weile läuft das Leben wieder geordneter. Gelangt in neue, andere Bahnen. Ist die Phase der Ausnahmesituation vorüber. Und damit auch die Zeit, in der man sich wirklich allein fühlte. Denn es dauert meist nicht lange, da lernt man Mütter und Väter in ähnlichen Situationen kennen. Findet Zeit und Muße für gemeinsame Unternehmungen. Für Urlaube. Für Feste. Für den Austausch. Der Begriff Familie wird gedehnt und gestreckt, bis er Freundinnen und Freunde, mit und ohne Kinder, alleinerziehend oder in einer Paarbeziehung, mit einbezieht.

Schon vor unserer Trennung hatte ich viele Alleinerziehende in meinem Bekanntenkreis, nun verstärkten sich die Kontakte. Wir befanden uns in ähnlichen Situationen, kannten viele der Sorgen und Nöte. Der Austausch bestärkte und führte dazu, dass wir uns nicht mehr als vollständig alleinerziehend verstanden. Es gab Frauen (und einige Männer) in ähnlichen Konstellationen. Woraus sich ein neues Netz wob. Es ist wahr, dass man ein ganzes Dorf braucht, um ein Kind zu erziehen. Und vielleicht gibt es dieses Dorf, wenn man nur genau hinschaut. Vielleicht gibt es dieses Dorf immer: in Form von Freunden und Erzieherinnen, in Form von anderen Müttern, Vätern und Kindern – nicht nur auf dem Spielplatz. In Form von Lehrerinnen und Bademeistern, in Form von Nachbarn und Großeltern, Tanten, Onkeln, Schwägerinnen, Patentanten und -onkeln, in Form von Trainern und Ballettlehrerinnen. Bald spielen die Freunde der Kinder und deren Familien eine immer größere Rolle. Vielleicht ist es eine Illusion zu glauben, man würde sein Kind allein erziehen. Auch in einer Großstadt wie Hamburg.

Und auch wenn man alleinerziehend ist, ist der Vater der Kinder in den seltensten Fällen vollständig verschwunden. Manche Väter kümmern sich an jedem zweiten Wochenende um die Kinder. Manche häufiger. Manche reisen mit ihren Kindern in den Urlaub – was dazu führen kann, dass manche Kinder Alleinerziehender viel mehr im Urlaub sind als ihre Freunde mit ungetrennten Eltern. Manche Eltern finden nach einer Trennung auf neuer Basis wieder zusammen. Sind befreundet. Manchmal sogar – wenn es sie denn gibt – mit den neuen Partnerinnen oder Partnern. Manche Väter springen ein, wenn jemand krank ist.

Dieses Netz, das sich nach der Trennung neu bildet, ist ungemein wichtig. Nicht nur für die Kinder, sondern auch für die Mütter und Väter. Denn es schützt vor Einsamkeit. Einem, wie der Autor Daniel Schreiber in seinem Buch *Allein* schreibt, »ernst zu nehmenden seelischen Schmerz, der mit einem eklatanten Bedeutungs- und Selbstwertverlust einhergeht, mit Empfindungen von Scham, Schuld und Verzweiflung«.[2] Zu wissen, dass im Notfall jemand da ist, der einspringen kann, und sollte dieser Fall auch nie eintreffen, vermittelt Sicherheit. Denn auch wenn man ein großes Netzwerk hat und auch wenn man sich von der Illusion getrennt hat, sein Kind allein zu erziehen, bleibt doch die Verantwortung. Das Gefühl, am Ende, wenn es drauf ankommt, selbst die Verantwortung zu tragen. Niemand kann einem den Gang zur Schule abnehmen, wenn das Kind Mist gebaut hat und man mit der Lehrperson sprechen muss. Niemand anders als man selbst ist konstant dafür zuständig, dass eine warme, gesunde Mahlzeit auf den Tisch kommt. Niemand anders als man selbst kann ein Kind bei einer Krankheit oder Verletzung ins Krankenhaus begleiten. Doch auch wenn die Verantwortung, die man trägt, nie verschwindet, sondern eine ständige Begleiterin ist, so hilft das Netz, dieses Gefühl, das zuweilen brutal und belastend sein kann, abzuschwächen.

Das Gefühl der Verantwortung ist besonders in der Vorstellung unerträglich, nicht mehr für das Kind oder die Kinder da sein zu können. Ein Gefühl, das der mexikanische Filmregisseur Alejandro

González Iñárritu wie kein Zweiter in dem Drama *Biutiful* eingefangen hat. Als der alleinerziehende Vater Uxbal, gespielt von Javier Bardem, der sich als Kleinkrimineller in Barcelona über Wasser hält, von seiner Krebserkrankung erfährt und davon, dass er nur noch wenige Wochen zu leben hat, bricht für ihn alles zusammen. Wohin mit seinen beiden kleinen Kindern, die noch zur Schule gehen? Zu ihrer Mutter können sie nicht, sie ist alkoholabhängig, leidet an einer bipolaren Störung und misshandelt den Sohn. Sie wird sich nicht um die Kinder kümmern können. Fieberhaft sucht er nach einer Lösung, und bis zuletzt ist es nicht sicher, ob er wirklich eine gefunden hat. Man ahnt, dass es eine Frau geben könnte, die sich dafür entschieden hat, sich der Kinder anzunehmen. Man hofft es für die Kinder, aber auch für den Vater, der im Sterben liegt.

Keine Solomutter ist wie die andere

Laut amtlicher Definition sind Alleinerziehende Mütter oder Väter, die ohne Ehe- oder Lebenspartner:in mit minder- oder volljährigen Kindern in einem Haushalt zusammenleben. Es gibt viele verschiedene Weisen, alleinerziehend zu sein. Manche Frauen haben schon bei der Geburt ihres Kindes keinen Partner. Sei es, dass nie eine Beziehung zum Kindsvater bestand, sei es, dass das Kind die Folge einer einzigen intensiven Nacht ist oder einer Affäre. Es gibt Frauen, die ganz für sich entscheiden – oft mithilfe einer Samenspende – Mütter zu werden. Manchmal hat sich ein Paar schon vor der Geburt des Kindes wieder getrennt. In manchen Fällen stirbt ein Elternteil. Oft trennt sich ein Paar nach ein paar Jahren Gemeinsamkeit. Hat sich die Liebe aus dem Alltag verflüchtigt, ist sie nicht den Anforderungen an eine Paarsituation mit Kind oder Kindern gewachsen. Manche Paare trennen sich hochgradig verletzt und tragen einen erbitterten Streit aus – oft auf den Rücken der Kinder, manchmal bis vor Gerichte. Andere können die Trennung in Ruhe regeln. Vielleicht streiten auch sie immer mal wieder, haben sich aber grundsätzlich darüber geeinigt, wie sie getrennte Wege gehen wollen. In manchen Fällen führt das zu einem Wechselmodell, in dem die Kinder zwischen zwei Wohnungen tage- oder wochenweise hin- und herpendeln. In der Mehrzahl aber bleiben die Kinder nach einer Trennung bei der Mutter. Was vielleicht nicht verwunderlich ist, da es ja auch zuvor schon meist die Mütter waren, die sich überwiegend um Haushalt, Erziehung und die familiäre Ordnung gekümmert haben.

Das Leben mit Kindern, das Leben als Mutter oder Vater bedeutet ständige Veränderung, ein ständiges Wachsen. Von dem Tag an, an dem sie geboren werden, befindet man sich in einer Beziehung mit ihnen. Diese Beziehung lebt, sie ist konstantem Wachstum und ständiger Veränderung unterworfen. Man ist eine andere Mutter, wenn die Kinder unselbstständige Säuglinge und vollständig auf einen angewiesen sind, als eine Mutter von Kindergartenkindern, die ihre eigene Welt entdecken wollen. Anders als Mutter von Schulkindern, die Unterstützung brauchen und lernen, auf eigenen Füßen zu stehen. Anders als Vater von Teenagern, die auch mal Antrieb brauchen und aus ihrer Lethargie gescheucht werden müssen und an anderer Stelle jemanden brauchen, der sie und ihr Gefühlschaos wieder einholt, wenn dies vielleicht mitten in der Nacht, nach einer Party, auf der vielleicht Alkohol im Spiel war, ausbricht.

Man ist nicht nur *eine* Mutter oder *ein* Vater, sondern eine Vielzahl von Müttern oder Vätern, die man einsetzen muss, je nachdem, in welcher Situation man sich gerade befindet und mit welchem Kind man sich gerade austauscht. Man ist einem konstanten Prozess unterworfen. Manchmal hängt man sich dabei selbst hinterher, stößt auf Unverständnis, wenn man beispielsweise für Essen plädiert, das gestern erst noch – *oder?* – das Lieblingsessen war und nun nicht mehr gegessen werden mag – wie die Hose oder der Pullover, die plötzlich und ohne Vorwarnung auf *gar keinen Fall* mehr angezogen werden können. Und manchmal eilt man sich selbst voraus, wenn man feststellen muss, dass die Kinder, die es gerade noch überflüssig fanden, gemeinsam an einem Abendbrottisch Platz zu nehmen, einen fragen, warum man schon wieder abends nicht zu Hause ist. Diesen Prozess durchlaufen Elternpaare genauso wie Alleinerziehende.

Auch die Kinder verändern sich ständig. Nicht nur wachsen sie und werden groß. Entwickeln eigene Vorstellungen und Gedanken. Knüpfen eigene Bande. Finden Freund:innen. Breiten den Bewegungsradius in einer konstanten Weise aus. Vom ersten Mal allein in den Garten gehen und einen Schneemann bauen über zum ersten Mal allein zum Spielplatz gehen bis hin zum ersten Mal allein mit dem Fahrrad zur Schule fahren, dem ersten Mal einen Freund alleine besuchen. Ein Play-Date ganz ohne Mami, und dann irgendwann nachts mit der U-Bahn von einer Party oder einer Freundin aus einem weit entfernten Stadtteil allein nach Hause fahren. Allein einen Zug oder ein Flugzeug besteigen und wegfahren oder -fliegen. Von abhängigen Wesen entwickeln sich Kinder unentwegt in die Selbstständigkeit. Weswegen Kinder zu haben, auch bedeutet, sich in einem konstanten Prozess der Abnabelung zu befinden. Einem Prozess, in dem man eher selten wirklich allein ist. Ja, ein Prozess, an dessen Ende, wenn die Kinder endgültig auf eigenen Füßen stehen, vielleicht als dunkle Ahnung steht, dass man dann, wenn die Kinder ausgezogen sind, vielleicht wirklich allein sein könnte. Niemanden haben wird, mit dem man in den Urlaub fährt, mit dem man zu Abend essen wird, mit dem man Unsinn im Fernsehen schaut. Aber vielleicht ist auch das eine Illusion. Bis dahin gilt: Die Zeiten im Leben einer Mutter, zu denen sie allein ist, sind höchst selten.

Ein paar Monate nach der schlimmsten Phase der Pandemie, nach Lockdown und geschlossenen Schulen, fuhr ich mit dem Zug aus beruflichen Gründen mal wieder nach Berlin. Hinter mir lag eine lange Phase, in der ich mich kaum von einem Ort zum anderen bewegt hatte. Eine Phase, in der ich vorwiegend zu Hause gewesen war. Auch ohne Pandemie gibt es solche Phasen, in denen einem das Alter der Kinder oder die Aufgaben zu Hause nicht die Möglichkeit geben, einfach mal in den Zug zu steigen und woanders hinzufahren. Ich hatte nur einen Termin am späten Nachmittag. Und gönnte mir ein wenig Zeit. Ich stieg aus dem Zug, kaufte mir ein Sandwich und einen Kaffee, setzte mich auf eine Bank in die Sonne. Beobachtete die Menschen um mich herum, am Ufer der Spree unweit des Regierungsviertels. Eine seltsame, süße Leichtigkeit hatte sich meiner bemächtigt. Es dauerte eine Weile, bis ich das Gefühl verstehen konnte. Es war weder die Fahrt nach Berlin noch der nahende Frühling oder die Lektüre im Zug. Ich verstand: Ich war allein. Ein herrliches Gefühl der Freiheit und Unbeschwertheit. Ich konnte es nur kurz genießen. Bald klingelte mein Telefon, und eines der Kinder fragte, was es denn jetzt essen könne. Es habe Hunger.

»Being alone: that is the mother's reasonable and functionally impossible dream«, schrieb Amanda Hess in der *New York Times* in einem Artikel, in dem sie beschreibt, wie Literatur und Film diesen Wunsch von Müttern verarbeiten, einmal allein sein zu wollen.[3] Vom Wunsch, einfach einmal in Ruhe einen Kaffee zu trinken oder ein paar E-Mails zu schreiben, bis hin zu den sehr seltenen Müttern, die tatsächlich ihre Kinder verlassen, um sich in eine neue Liebe zu stürzen oder eine Karriere zu verfolgen. Es ist »praktisch ein unmöglicher Traum«, räsoniert Hess.[4] Wenn Männer ihre Kinder verlassen würden, sei das nichts Außergewöhnliches. Wenn Frauen dasselbe tun, mache das aus ihnen Monster.

»Was sie nicht erklären kann, was sie nicht zugeben will, wobei sie sich nicht sicher ist, ob sie sich richtig erinnert: Wie sie ein plötzliches Vergnügen verspürte, als sie die Tür schloss und in das Auto stieg, das sie von ihrem Verstand, ihrem Körper, ihrem Haus und ihrem Kind wegbrachte,« erzählt die amerikanische Schriftstellerin Jessamine Chan in ihrem Debütroman *The School For Good Mothers* (zu Deutsch: *Institut für gute Mütter*).[5] Frida Liu verlässt ihre Tochter, ein Kleinkind, für ein paar Stunden, um ins Büro zu gehen und in Ruhe E-Mails zu schreiben. Seit Tagen hatte sie zu wenig geschlafen, zuletzt, da ihre Tochter Harriet, die zur Hälfte bei ihrem Vater aufwächst, eine Ohrentzündung hatte. Die Nachbarn, die das Schreien des alleingelassenen Kindes hören, alarmieren die Polizei. Diese schalten den Kinderschutzdienst ein, welcher in den Tagen darauf Kameras in Fridas Wohnung anbringt. um all ihre Handlungen zu überwachen. Wenig später findet sie sich in einem Erziehungslager wieder, in dem Frida lernen soll, eine bessere Mutter zu werden. »Sie muss ihre Fähigkeit zu echten mütterlichen Gefühlen und Bindungen unter Beweis stellen, ihre mütterlichen Instinkte schärfen und zeigen, dass man ihr vertrauen kann.«[6]

Erst in den 50er-Jahren des vergangenen Jahrhunderts, nach dem Zweiten Weltkrieg, entstand die Vorstellung, dass man als Familie in einer recht kleinen Einheit – Mutter, Vater, Kind oder Kinder – zusammenleben sollte. Zuvor hatte Familie über Jahrhunderte auch andere Menschen mit einbezogen. Mägde und Dienstmädchen, Großeltern und alleinstehende Tanten. Und auch heute gibt es unterschiedliche Arten von Familien. Familien, die aus zwei Müttern oder zwei Vätern und ihren Kindern bestehen. Pflegeeltern, Großeltern, die die Erziehung übernehmen. Adoptivmütter oder -väter mit einem oder zwei Kindern.

Wer aber mit Schulen und Ämtern, manchmal auch mit anderen Teilen der Gesellschaft zu tun hat, der bekommt bisweilen den Eindruck, alles, was von der Mutter-Vater-Kind-oder-Kinder-Variante abweiche, wäre geradezu abwegig. Warum braucht die Gesellschaft eine Norm, eine vorgeschriebene Ordnung? Warum kann sie nicht das Leben abbilden, das sich tatsächlich in ihr wiederfindet? Haben Männer Angst um ihre Macht? Oder hat die Gesellschaft Angst, sonst werde womöglich Chaos ausbrechen? Und was genau könnte damit gemeint sein? Darum soll es in den folgenden Kapiteln gehen.

Zunächst einmal aber möchte ich von einer Begegnung erzählen, die mir wie keine andere vor Augen geführt hat, mit welchen Ängsten die Vorstellung vom Alleinerziehen behaftet ist. Von vermeintlich abschätzigen Blicken der Gesellschaft, die etwas mit der Selbstwahrnehmung und einem Selbstbewusstsein zu tun haben, das ich erst erlernen musste. Durch sie ist mir klar geworden, dass die Situation von Alleinerziehenden keine ist, für die wir uns entschuldigen oder die wir verbergen sollten, sondern eine, die uns mit Stolz erfüllen sollte.

KAPITEL 2

Umdenken

Gewitterwolken verdunkelten die Straße. Es regnete in Strömen. So stark, dass die Scheibenwischer des Autos beinahe ihren Dienst aufgaben. Auf der Straße bildeten sich riesige Pfützen, die durchfahrenden Wagen sprühten das Wasser in Fontänen auf. Nicht wenige Fahrerinnen und Fahrer suchten Zuflucht am Seitenrand. Schalteten den Warnblinker an, hoffend, dass das Drama bald vorüber sei. Doch der Donner, der sich grollend über der Straße ausbreitete, hielt an. Gleißende Blitze zerschnitten die Dunkelheit. Der Gewalt des Naturspektakels haftete etwas Drängendes, etwas Existenzielles an. Eine Erinnerung an die Zerbrechlichkeit des Lebens. Nur ein kleines Stück entfernt lag das Unglück, das Verderben.

Neben mir im Auto saß eine Bekannte. Am frühen Morgen – da hatte das Unwetter gerade seinen Lauf genommen – hatte ich sie in Hamburg vor ihrer Wohnungstür abgeholt. Nun waren wir auf dem Weg nach Rostock. Unsere Söhne waren dort schon am Abend zuvor mit Mannschaft und Trainern für ein Fußballturnier eingetroffen. Auf Isomatten und Luftmatratzen hatten sie in Schlafsäcken im Klassenraum einer Schule übernachtet. Wir hatten noch arbeiten müssen und kamen nun nach. Wollten den Anpfiff zum ersten Spiel des Morgens nicht verpassen. Die Wucht des Gewitters spiegelte sich zunehmend in unserem Gespräch, das über unsere Kinder, die Schulen, unsere Arbeit und den Fußball an Intensität zunahm. Wir sprachen über Herkunft und Kultur, über Zugehörigkeit und Sprache. In Spiralen drangen wir immer tiefer in unsere Leben, stiegen hinab in unsere Kindheit und Jugendzeit, ihre im nördlichen Spanien, meine in Thüringen und im Schwarzwald.

»Fußballmutti« schimpfen mich manche Freunde und Bekannte, nicht ohne das wirklich gering zu schätzen. Dass man als Mutter am Seitenrand steht und seinen Söhnen beim Spiel zuschaut, ja, es sich vielleicht sogar erlaubt, zu schimpfen oder zu jubeln, das ist für viele eine ganz merkwürdige Vorstellung. Ganz so, als seien Fußballfeld und -rand immer noch der archaische Raum von Männern. Als hätten Frauen da nichts zu sagen und bräuchten dort gar nicht aufzutauchen, weil sie ohnehin nicht verstünden, was da los sei mit dem Ball. Diese ganzen Regeln, diese Virilität.

Kurz vor Rostock begann sich der Himmel zu lichten. Es hörte auf zu regnen. Ich spürte, wie die Anspannung dieser Fahrt von mir abfiel. Wie die Vorfreude auf den Tag am Spielfeldrand sich in mir ausbreitete. Die Bekannte auf dem Beifahrersitz erklärte, sie habe sich ein wenig Sorgen gemacht während der Fahrt. Sie selbst hätte auf jeden Fall eine Pause gebraucht. Sicher wären wir nicht pünktlich angekommen, wäre sie gefahren. Ein wenig Stolz ergriff mich. Ich hatte uns sicher durch dieses Unwetter gebracht. Doch als wir die Autobahn verließen und in die Stadt hineinfuhren, da sagte die Bekannte diesen Satz, der mich tief traf. Der mich nicht nur in dem Moment, wo sie ihn aussprach, so schmerzte, dass ich nicht darauf reagieren konnte. Eine Zuschreibung, nach der ich mich seltsam abgewertet fühlte. Schmuddelig auf eine Art und Weise, die mir unter die Haut ging. Ich sei gefahren wie ein Lkw-Fahrer, sagte sie.

Keine Zeit, anzuhalten

Während ich auf eine seltsame Art beleidigt war, meinte ich, sofort zu verstehen, was sie damit hatte sagen wollen. Ich fühlte mich ertappt: ein Lkw-Fahrer. Genau das war ich. Aber wie hatte sie das sehen können? Wie hatte sie erahnen können, dass ich mich genauso fühlte? Eine Person, die 180 Kilometer durch ein Gewitter fährt, als sei das gar nichts. Eine Person, die weitermacht, wenn andere an der Fahrbahnseite eine Pause machen. Eine Person, die die Grenzen der Erschöpfung und Müdigkeit stetig überschreitet. Eine Person, die nicht mit den Augen blinkt, auch wenn sie schon längst nicht mehr kann, ja, die so fokussiert ist, dass sie gar nicht merkt, dass sie nicht mehr kann. Eine Person, die alles dafür aufgegeben hat, einen guten Job zu machen. Eine Person, die stoisch immer weitermacht. Hatte sie das in mir gesehen? Mein wahres Ich, das ich so gut zu verhüllen suchte? Auf eine Weise fühlte ich mich ertappt, gesehen in einer unkomfortablen, unvorteilhaften Situation. Als hätte ein Blitz meine Lebenssituation einen Moment lang mit grellem Licht ausgeleuchtet. Alles sichtbar gemacht, was ich mühsam zu verbergen suchte, auch vor mir selbst.

In den Monaten nach dieser Begegnung entfalteten sich Bilder zu dieser Beschreibung. Bilder, in denen ich mich immer wieder fand. Vom Fahrer, der überall schlafen kann. Der sein Lager auch einmal hinter den Sitzen im Fahrerhäuschen aufschlägt. Der sich rasch ein paar ungesunde Würstchen auf dem Grill zum Essen brutzelt, um seinen Hunger zu befriedigen. Jemand, der noch fahren muss, obwohl er eigentlich viel zu müde ist, und fahrend die Musik anschaltet und laut mitsingt, um gegen die Müdigkeit zu kämpfen. Jemand, der vielleicht mit seinem Schicksal nicht allein ist, aber seine Arbeit doch allein verrichtet, weil es gar nicht anders geht. Verbunden mit den anderen da draußen nur über ein Funkgerät und das Gefühl, diese Situation zu teilen. Denn selbst wenn man sich auf der Straße, beim Überholen oder an der Tankstelle trifft, so hat man keine Zeit, anzuhalten und ein Pläuschchen zu halten. Man muss weiter. Die Aufgaben warten. Die Kinder warten. Das Essen muss gekocht werden. Die Wäsche wartet. Der Abwasch stapelt sich. Das Bad will geputzt werden. Die Schule braucht eine Unterschrift. Die Schuhe sind zu klein geworden. Die Hose hat ein Loch. Das Buch für den Unterricht muss noch besorgt werden. Der Zahnarzttermin wartet. Der Kuchen für die Klassenfeier muss gebacken werden. Die Geschenke für den Kindergeburtstag müssen besorgt, das Ferienhaus noch gebucht werden. Die Steuererklärung muss ausgefüllt und abgegeben, der Müll runtergebracht werden. Die Brote für die Schule noch geschmiert werden. Der Wocheneinkauf wartet im Supermarkt.

Offensichtlich hatte mich die Bekannte nicht beleidigen wollen, auch hatte sie nicht meine Oberfläche durchdringen wollen, um mich so zu sehen, wie ich mich manchmal fühle. Vom Alltag mit seinen Abläufen konstant herausgefordert. Weitermachen, weiterfahren, durchhalten. Wie ein Lkw-Fahrer. Es waren meine eigenen Gedanken und Assoziationen, die sich aus diesem Zuruf entwickelten und sich in den kommenden Monaten weiterschlangen, eigene Pfade suchten. Erklärungen für die Situation, in der ich mich damals befand und noch heute befinde. Ich bin eine alleinerziehende Mutter von drei Kindern. Eine Frau, die seit vielen Jahren größtenteils allein für ihre Kinder verantwortlich ist. Sie betreut, umsorgt, verpflegt, unterstützt, ermutigt und ermahnt.

Viele Jahre lang fiel es mir schwer, das so offen auszusprechen. Immer hatte ich das Gefühl, ich müsste diesen Umstand verstecken. Übertünchen. So tun, als sei der Vater der Kinder nur eben auf Geschäftsreise, nur eben unterwegs. Nur mal wieder zu lange bei seiner Arbeit. Denn das Bild, das die Gesellschaft von einer Alleinerziehenden zeichnet, ist immer noch geprägt von vorwiegend negativen

Bildern und Vorurteilen. Von Frauen, die es einfach nicht geschafft haben. Denen der Mann weggerannt ist. Es erzählt von Kindern, denen es am Nötigsten fehlt. Von Kindern, die ohne Strümpfe und nur in Halbschuhen durch den Winter kommen müssen. Es lässt tiefe Verwerfungen erahnen. Verwahrlosung. Armut. Es erzählt von Müttern, die rauchen. Die überfordert sind und ständig brüllen. Und dabei auf irgendeinem fleckigen, unansehnlichen Sofa sitzen, das sich bei der Sperrmüllabfuhr niemand mehr unter den Nagel würde reißen wollen. Es erzählt von ungesundem Essen und von weiblichen Körpern, die auf irgendeine nicht greifbare Weise unfassbar hässlich sind. Deformierte Körper, in denen das Stresshormon Cortisol sein Unwesen treibt und zu Übergewicht, Diabetes und anderen Krankheiten führt. Eine Situation, die Spuren auf Gesichtern und Körpern hinterlässt. Sie zeichnet. Als würden die Umstände auf ihr Leben abfärben. Wie bei dem Lkw-Fahrer. Den wir uns nicht hübsch und jung und sexy vorstellen, sondern alt, dick und verbraucht. Einfach fertig.

In dem Moment bei der Anfahrt auf Rostock fühlte ich mich ertappt. Und auch ernüchtert. All die Camouflage hatte nichts genützt. Man sah mich und meine Situation trotzdem. All die Mühen, die Situation zu verbergen, waren vergebens gewesen. Die Bilder, die in den Köpfen von Menschen entstehen, konnte ich nicht einfangen. Mehr noch: Es waren Bilder, die auch in mir entstanden. Die meine tiefsten Ängste auf großer Leinwand projizierten und darstellten. Die Bilder, die sich die Gesellschaft von Alleinerziehenden gemeinhin macht, es waren auch meine eigenen Bilder.

Ich versuchte, den Gedanken zu verwerfen, doch in den darauffolgenden Wochen poppte er immer wieder auf, wie etwas Unverarbeitetes, mit dem ich mich beschäftigen musste. Was würde es bedeuteten, wenn ich nur das Fahren betrachten würde? Und nicht den Fahrer? Wenn ich über die Art des Fahrens nachdächte, die einen Lkw-Fahrer auszeichnet? Wenn ich all die negativen Konnotationen einmal ausblendete und die Kunst des Fahrens, die Kultur der Fortbewegung beleuchtete?

Darin konnte ich mich leicht wiederfinden. Eine Person, die auch Tausende Kilometer gerne mit dem Auto fährt. Die der Gedanke, man könne sich einfach *jetzt,* in diesem Augenblick in ein Auto setzen und bis nach Italien fahren, in Entzücken versetzt. Die dieses Freiheitsgefühl, das ein Auto mit sich bringt – auch wenn es in meinem Alltag kaum eine Rolle spielt und fast alle Wege mit dem Fahrrad bewältigt werden –, taumelig werden lässt. Es ist eine sehr alte Emotion, eine, die aus meiner Kindheit stammt. Meiner Kindheit im Osten von Deutschland, hinter einer in Richtung Westen geschlossenen Grenze. In einem Leben, das in seltenen Momenten offenbarte, dass es da, fern der Mauer, ganz andere Versionen von Existenz gab. Süßere und leichtere. Luxuriösere und unbeschwertere Daseinsformen, in denen es keinen Mangel an Schulheften und Klopapier, an Schokolade und Telefonen gab. Leben, in denen man reisen konnte, wohin man wollte. Leben, in denen man nicht aufpassen musste, welche Worte man in Gegenwart von wem verwendete. In vielerlei Hinsicht freiere Lebensformen.

Autos waren Sehnsuchtsobjekte eines fernen, unerreichbaren Westens. Meinem Bruder und mir manifestierten sie sich in Form von Matchbox-Autos. Die wir ergatterten und sammelten und hegten wie Fetische. Manchmal überredeten wir unsere Eltern, zu Autobahnbrücken über Transitstrecken zu fahren, um »Matcher zu gucken«. Echte Westautos, die auf ausgewiesenen Straßen durch die DDR reisten, ohne anhalten oder abfahren zu dürfen, von Westdeutschland nach Westberlin und umgekehrt. Wie es wohl wäre, zu diesen Privilegierten zu gehören, die auf diesen Straßen in diesen Wagen verkehrten? Es war das Versprechen eines damals in den frühen 80er-Jahren noch grenzenlosen und in gewisser Weise unschuldigen Westens voller Abenteuer, Freiheit, Gesundheit, Konsum und schier unendlicher Möglichkeiten. Eines Tages würden auch wir der DDR den Rücken kehren und sie – in einem Zug – verlassen können, nicht aber, bevor meine Eltern eine ganze Reihe von Ausreiseanträgen gestellt und wir eine Reihe von Schikanen durch Behörden überstanden hatten.

Je mehr ich über den Lkw-Begriff nachdachte, desto offensichtlicher wurde es, dass er noch eine tiefere, eine immer noch verborgene Dimension hatte, die ich nur erahnen konnte. Gab es einen Grund dafür, dass ich stundenlang Auto fahren konnte, ohne müde zu werden? War die Tatsache, dass ich schon während meiner Schulzeit im Schwarzwald diejenige gewesen war, die Freunde nach Hause gebracht hatte, nur dem Umstand geschuldet, dass ich früh einen Führerschein erhalten hatte? Verschwitzt von Konzerten, von Diskotheken im Umland zurückfuhr; im Morgengrauen nach Partys von Orten, deren Namen kaum jemand kennt. Von abgelegenen Hütten, in denen die laute Musik keine Nachbarn störte. Auch als alle anderen einen Führerschein und nicht wenige ein Auto hatten, war meist ich diejenige, die fuhr. Warum wollte ich mir das nicht nehmen lassen? Diese Kontrolle?

Und dann fiel mir eines Tages eine Situation wieder ein. Ein Wintermorgen im thüringischen Vogtland. Ich war vielleicht sieben Jahre alt. Unsere Eltern wollten über das Wochenende zu Freunden in die Stadt fahren, mein anderthalb Jahre jüngerer Bruder und ich sollten bei Bekannten bleiben, die ein paar Dörfer entfernt lebten. Die Straße schlängelte sich einen leichten Anstieg hinauf. Hinter uns lag der Ort, in dem das sonderbare Haus mit den blauen Dachziegeln stand. Es war nicht mehr weit bis zu dem kleinen Waldstück und der Weide, die – obgleich sie kilometerweit entfernt lagen – zu unserem Hof gehörten. Manchmal grasten unsere Schafe darauf. Jetzt aber war die Straße kaum auszumachen, tiefe Schneewehen hatten die Ränder verweht, darunter lag die Straße spiegelglatt. Ich schlief, war eingeschlafen, als wir nur wenige Minuten zuvor losgefahren waren. Ich schlief, während das Auto auf dem Eis ins Schlingern geriet. Vom Weg abkam, sich drehte, auf die Seite kippte und dem Abhang bedrohlich entgegenrutschte. Ich wachte erst auf, auf meinem Bruder liegend, als ein alter Weidezaun dem Auto Einhalt geboten hatte. Ein winziges Stückchen Draht, das uns vor Schlimmerem bewahrte, das unseren Wagen zurückhielt, der sonst, sich zweifellos überschlagend, den Abhang hinuntergestürzt wäre. Fraglich, ob wir das überlebt hätten, in diesem Auto, einem alten Wolga. Einem Mittelklassewagen sowjetischer Bauart, in dem es keine Sicherheitsgurte gab und keine Airbags.

Betäubt kletterten und zogen wir uns aus dem auf der Seite liegenden Auto. Betrachteten den Drahtzaun, der uns wie ein Wunder erschien. Betrachteten die Unterseite des Autos, die auf so wundersame Weise entblößt dalag. Betasteten unsere Körper auf der Suche nach Verletzungen, aber abgesehen von einem Schrecken und ein paar blauen Flecken hatten wir nichts abbekommen. Nur mein Bruder beschwerte sich noch Wochen später, dass ich beim Umkippen des Wagens im Schlaf auf ihn gerutscht war.

Stille lag über dem Unfallort, es schneite leicht. Wir nahmen unser Gepäck und machten uns auf den Weg zu den Freunden, die gleich hinter dem nächsten Waldstück lebten. Es war kalt. Der Schnee knirschte beim Gehen unter unseren Schuhen. Später würde jemand kommen und das Auto aufrichten. In einer Zeit vor Mobiltelefonen, in einem Land ohne ADAC gab es nichts, was man sonst hätte tun können. Weder riefen wir die Feuerwehr noch die Polizei oder einen Krankenwagen. Niemand kam, um uns durchzuchecken oder sich das Auto anzuschauen. Zu evaluieren, wie es zu diesem Unfall hatte kommen können. Niemand setzte ein Protokoll für die Versicherung auf. Ich aber beschloss auf diesem Weg zu unseren Bekannten durch den winterlichen Wald, dass ich nie wieder in einem Auto schlafen würde.

Soloeltern sind starke Eltern

Nach vielen Monaten des Nachdenkens also hatte ich sie gefunden: die Lkw-Fahrerin in mir. Eine Person, die sich ein großes Versprechen gegeben hat: im Auto immer aufmerksam zu sein. Sich nicht ablenken zu lassen. Nicht müde zu werden. Klar zu bleiben. Fokussiert. Auf die Straße zu achten. Versprechen können auch eine große Bürde bedeuten. Sie gebieten einem, sich so zu verhalten und nicht anders. Um sich selbst treu zu bleiben. Um dem Bild zu entsprechen, das man sich von sich selbst gemacht hat. Sie bedürfen einer großen Anstrengung. Doch möglichweise sind das Qualitäten, die mir auch in anderen Situationen geholfen haben – nicht nur beim Autofahren.

Vielleicht gilt es, das Bild des Lkw-Fahrers neu zu zeichnen, ihn in einem anderen Licht zu betrachten. Als verlässlichen, verantwortungsbewussten, ausdauernden Menschen. Dem das Fahren seines riesigen Gefährts ein Gefühl von Freiheit und Macht verschafft. Der all die Menschen bedauert, die tagein, tagaus in einem Büro an einem Schreibtisch sitzen und E-Mails und Anrufe beantworten müssen. Sich durch Tage voller Telkos und Meetings quälen. Die nicht unterwegs sein können, sondern fortwährend an einem Ort bleiben – abgesehen von kurzen Businesstrips mit Flugzeug, Zug oder PKW. Immer unter Druck, den Anschluss, das Meeting, den Lunch zu verpassen. Die wenig vom Wetter mitbekommen in ihren Büros, in denen künstliche Intelligenz dafür sorgt, dass die Zimmer im Sommer automatisch abgedunkelt und gekühlt werden und im Winter die Klimaanlage für konstante Wärme sorgt. Häuser, in denen die Fenster sich nicht öffnen lassen, da dies die empfindlichen regulierenden Anlagen stören könnte.

Umdenken also. Darum geht es. Soloerziehende sind Menschen, die eine große Verantwortung angenommen haben, die sie manchmal in die Knie zu zwingen droht. Die aber stark genug sind, weiterzumachen. Es sind Menschen, vorwiegend Frauen, mit großer Tatkraft und Energie. Mutige, willensstarke Frauen. In deren Handeln auch eine große Leichtigkeit und Freude liegt.

Man muss sich Alleinerziehende nicht als unglückliche Menschen vorstellen. Ich selbst bin sogar ziemlich glücklich. Ich empfinde mich als eine Person, die es nicht als Manko versteht, dass ihr der Partner abhandengekommen ist. Die sich nicht als labil oder humpelnd empfindet, nur, weil sie ihre Kinder allein erzieht. Die nicht das Gefühl hat, ein schwacher Teil der Gesellschaft zu sein, dem man großzügig Unterstützung gewähren müsste. Und vielen Alleinerziehenden geht es so. Sie sind starke Glieder der Gesellschaft. Verlässliche. Nachhaltige. Glückliche.

Das Fußball-Wochenende in Rostock vor ein paar Jahren endete in einem Freudentaumel. Die Mannschaft hatte gekämpft und sich durchgebissen. Von der Vorrunde ins Viertel-, dann ins Halbfinale. Andere Mannschaften anderer Altersgruppen des Vereins, die schon ausgeschieden waren, und deren Unterstützer und Eltern säumten zunehmend die Spielfeldränder. Anfeuerungslieder wurden erfunden und lauthals skandiert. Schon längst hatte die Sonne über den Regen gesiegt. Das Endspiel fand gegen ein Jahr ältere Gegner statt. Sie waren den Zwölfjährigen körperlich überlegen, doch nach einer ruppigen Anfangsphase fing sich die Mannschaft und hielt dagegen. Am Ende musste das Elfmeterschießen entscheiden. Die Mannschaft unserer Söhne gewann. Ein riesiger Kreis aus Spielern und begeisterten Eltern fand sich auf dem Spielfeld wieder. Wieder wurde gesungen, ein wilder Tanz entspann sich. Wahrlich ein Gänsehautmoment, den wir Eltern und Spieler uns in den kommenden Monaten immer wieder in Erinnerung riefen. Ein riesiger Pokal wurde übergeben. Leuchtende Spieleraugen und von Stolz geschwellte Brüste der Eltern.

Und noch etwas anderes war da: das Gefühl, Teil von etwas zu sein. An diesem Sonntagnachmittag bei einem Jugendfußballturnier in Rostock zeigte sich, was für ein berauschendes Gefühl es ist, Gemeinsamkeit zu erfahren. Dazuzugehören. Es ist ein Gefühl, das essenziell ist für das Wohlbefinden von Menschen. Und zugleich eines, das unsere Gesellschaft für Alleinerziehende immer mal wieder infrage stellt.

KAPITEL 3

Louise Aston: Die Träume einer Frau

»Am 21sten März erhielt ich wieder eine Verfügung, auf der Polizei zu erscheinen, wo mir Herr Assessor Köppin mündlich den Befehl ertheilte, ›Berlin binnen 8 Tagen zu verlassen, weil ich Ideen geäußert und ins Leben rufen wollte, welche für die bürgerliche Ruhe und Ordnung gefährlich seien.‹[1] Auf der Suche nach der inneren Ordnung unserer Gesellschaft stieß ich auf die Geschichte von Louise Aston. Worin bestand der Vorwurf, der ihr im März des Jahres 1846 entgegengebracht wurde?

Sie trug Hosenanzüge und rauchte in der Öffentlichkeit Zigarren. Sie verkehrte in radikal-demokratischen Zirkeln und forderte die Presse- und Meinungsfreiheit, die Abschaffung der Privilegien für Kirche und Adel. Sie lehnte jegliche Religion ab. Und sie, geboren 1814 und mit 19 Jahren gegen ihren Willen mit einem britischen Fabrikanten verheiratet worden, der nicht nur viele Jahre älter war als sie, sondern auch vier Kinder mit in die Ehe gebracht hatte, erklärte: »Ich verwerfe die Ehe, weil sie zum Eigenthume macht, was nimmer Eigenthum sein kann: die freie Persönlichkeit.« Zwei Jahre zuvor hatte sich das Paar getrennt, nach einem Aufenthalt in Züllichau (heute Polen) war Aston mit der gemeinsamen Tochter

Jenny Louise nach Berlin gezogen, wo sie anstrebte, Schriftstellerin zu werden. Doch nur wenige Tage nach der nochmaligen Vorladung in das Polizeirevier musste sie die preußische Hauptstadt, die unter der Herrschaft von König Friedrich Wilhelm IV. stand, verlassen. »So wurde mir von der Polizei eine Wichtigkeit beigelegt, die ich selbst mir beizulegen nie gewagt hätte, denn wie kühn müßten die Träume einer Frau sein, welche sich für eine staatsgefährliche Person hielte«, schrieb sie wenige Monate später rückblickend.[2]

Eine Kupfertafel an der Friedhofsmauer des Alten Gottesackers in Wangen im Allgäu erinnert an Louise Aston. Sie trägt die Inschrift »Nach Kampf Frieden«. 1871 starb Aston in Wangen an einem Lungenleiden. Die Schriftstellerin war eine Vorkämpferin, mit ihren offen dargestellten – und gelebten – politischen Forderungen zu Ehe, Sexualmoral, Religion und weiblicher Freiheit.

Von Ordnung und Freiheit

In der Frage nach der Ordnung ist der Staat einer Familie mit Kindern nicht unähnlich. Für beide ist die Frage nach der Ordnung immer auch eine nach der Freiheit. Wie viel Freiheit gewähre ich meinem Kind, das unbändig und, je älter es wird, umso mehr danach sucht, um es *ordentlich* aufwachsen zu sehen? Wie viel Freiheit genehmige ich als Staat dem einzelnen Bürger, der einzelnen Bürgerin, während ich zugleich Sorge für die gesamte Gesellschaft trage? In Familien wie in Gesellschaften kommt man sowohl mit vollständiger Freiheit, dem Erlauben von allem, genauso wenig weiter wie mit der totalen Unterdrückung von allem. Werden Rechte eingeschränkt, persönliche Entwicklungschancen versagt, bestehen zudem große (vor allem materielle) Ungleichheiten zwischen Teilen der Gesellschaft, so ist davon auszugehen, dass ein Teil der Gesellschaft rebelliert, sobald sich eine Möglichkeit ergibt.

Gute zwei Jahre, nachdem Louise Aston aus Berlin ausgewiesen wurde, erschütterten – von Frankreich ausgehend – revolutionäre Unruhen ganz Europa. Es waren vor allem Bürgerinnen und Bürger, die auf die Straße gingen und sich versammelten. Sie forderten mehr Freiheiten, eine Verfassung und weniger Fürstenherrschaft. Das 19. Jahrhundert war geprägt von der Industrialisierung und dem damit verbundenen Aufstieg der Bürgerschaft. Die Lohnarbeit führte zu einem wachsenden Lebensstandard auch der ärmeren Bevölkerungsschichten. Auch wenn die Revolution von 1848/49 bald darauf scheiterte und das erste gemeinsame deutsche Parlament, das in der Paulskirche zusammengekommen war, schon bald wieder aufgelöst wurde, so ließ sich der Drang nach einem Rechtsstaat, nach Freiheit und Einheit – Deutschland war zu jener Zeit ein Staatenbund, der sich aus mehr als 30 unabhängigen Fürstentümern und freien Städten zusammensetzte – nicht mehr unterdrücken.

Das von der Frankfurter Nationalversammlung am 21. Dezember 1848 verabschiedete »Reichsgesetz betreffend die Grundrechte des deutschen Volkes«, das Menschen- und Bürgerrechten zum ersten Mal Gesetzeskraft verlieh, beeinflusste – auch wenn es sich damals noch nicht durchsetzen konnte – später die Weimarer Verfassung und das Grundgesetz maßgeblich. Gleichheit aller vor dem Gesetz, die Aufhebung aller Standesvorrechte, die Gewährleistung persönlicher und politischer Freiheitsrechte – wie Presse-, Meinungs-, Versammlungs-, Gewerbefreiheit – sowie die Abschaffung der Todesstrafe wurden zum ersten Mal verbindlich festgeschrieben. Ein Recht, auf das sich alle Bürger eines Staates beziehen können, könnte also ein guter Indikator für die Frage sein, wie es um die Freiheit des Einzelnen bestellt ist.

Doch nicht immer bedeutet das Recht für alle auch Gerechtigkeit. Manchmal kann dieses Recht auch eine Ungerechtigkeit festhalten und fortschreiben. Denn es waren vorwiegend die Rechte des Mannes, die dieses neue Gesetz festhielt. »Wohl spricht man viel von Freiheit für alle, aber man ist gewöhnt, unter dem Wort ›alle‹ nur die Männer zu verstehen«, schrieb die Frauenrechtlerin Louise Dittmar anlässlich der Wahl zur Nationalversammlung in der Frankfurter Paulskirche. Frauen durften weder wählen noch gewählt werden; sie hatten kein Recht auf Erwerbstätigkeit oder persönlichen Besitz und waren damit wirtschaftlich abhängig von ihren Vätern oder Ehemännern. Es war ihnen nicht gestattet, politischen Vereinen beizutreten oder sich zu versammeln.

Nach dem Sieg über Frankreich vereinten sich 1871 die vielen Teile des deutschen Staatenbundes zum deutschen Kaiserreich. Zwei Kommissionen arbeiteten 25 Jahre lang an gemeinsamen Gesetzen, die die Rechte der Bürger untereinander regeln sollten. 1896 war es schließlich so weit: Das erste Bürgerliche Gesetzbuch mit 2300 Paragrafen wurde von Kaiser Wilhelm II. erlassen und trat am 1. Januar 1900 in Kraft. »Nächst der gemeinsamen Sprache ist das gemeinsame Recht die edelste und köstlichste Frucht des nationalen Geistes«, erklärte der 1824 geborene Richter und Politiker Gottlieb Plank, der maßgeblich an der Ausarbeitung des Gesetzbuches beteiligt war.[3] Und tatsächlich schenkte es den Bürgern – die beschränkt wurden von Vorstellungen der Kirche, von Stadt, Land und Zünften – in vielen Bereichen mehr Freiheit. Doch für Frauen galt das so nicht. Die 1896 in Kassel zur Welt gekommene Juristin und Politikerin Elisabeth Selbert, eine der Mütter des Grundgesetzes, hielt noch 1949 fest: »Das Bürgerliche Gesetzbuch in seinen Tendenzen widerspricht in einer ganzen Reihe von Bestimmungen der Würde und der Wertigkeit einer persönlichkeitsbewussten Frau (…)«[4].

So lautete Paragraf 1354: »Dem Mann steht die Entscheidung in allen gemeinschaftlich betreffenden Angelegenheiten zu, er bestimmt insbesondere Wohnort und Wohnung.« Paragraf 1356 besagte: »Die Frau ist verpflichtet, das gemeinschaftliche Hauswesen zu leiten.« Und Paragraf 1364 schließlich erklärte: »Das Vermögen der Frau wird durch die Eheschließung der Verwaltung und Nutznießung des Mannes unterworfen.« Diese Gesetzessammlung, die einer vermeintlich anderen, längst vergangenen Zeit entstammt – auch wenn sie in Teilen, wie Paragraf 1354 in der Folge der Verabschiedung des Grundgesetzes, entfiel –, prägte die Rechte der Frauen in Westdeutschland bis tief ins 20. Jahrhundert hinein.

Nach dem Zweiten Weltkrieg und der Teilung Deutschlands in Ost und West gaben sich beide Teile Deutschlands, unter den Augen der jeweiligen Besatzungsmächte, ein Grundgesetz bzw. eine Verfassung, ein zentrales Rechtsdokument, das einerseits festhält, wer und auf welche Weise in einem Staat die Macht ausübt, andererseits die Rechte der Bürger festschreibt, schließlich das Verhältnis zwischen Staat und Bürgern.

Während es im Grundgesetz, das im Mai 1949 im Westen Deutschlands in Kraft trat, lediglich heißt: »Männer und Frauen sind gleichberechtigt« – womit die Ungleichheit noch keineswegs aufgehoben war –, lautet Artikel 7 der DDR-Verfassung schon im Oktober 1949: »Mann und Frau sind gleichberechtigt. Alle Gesetze und Bestimmungen, die der Gleichberechtigung der Frau entgegenstehen, sind aufgehoben.« Ein entscheidender Unterschied, der sich unter anderem darin zeigte, dass Frauen im Osten Deutschlands in Arbeitsprozesse gleichberechtigt eingebunden wurden, während Frauen im Westen Deutschlands noch bis 1977 eine außerhäusige Arbeit nur dann aufnehmen konnten, wenn dies mit ihren Pflichten als Ehefrau und Mutter vereinbar war. Bis 1958, als das erste Gleichberechtigungsgesetz in Kraft trat, konnte ein Mann das

Dienstverhältnis seiner Frau gar fristlos kündigen. Und selbst im Vorwort dieses 1958 erlassenen Gesetzes stand noch zu lesen: »Die vornehmste Aufgabe der Frau ist es, das Herz der Familie zu sein.«

Mehrfach wurde nachgebessert. Noch am 25. Juni 1980 verabschiedete der Bundestag auf Wirken des Rates der Europäischen Gemeinschaft ein Gesetz über die Gleichbehandlung von Frauen und Männern am Arbeitsplatz – während in der DDR die Erwerbsquote von Frauen Ende der Achtzigerjahre bei weltweit einzigartigen 91,2 Prozent lag. Was im Übrigen nicht bedeutete, dass die Gleichberechtigung bis in den Haushalt und bei der Kinderbetreuung umgesetzt wurde. Frauen im Osten waren hier meist genauso gefordert wie die Frauen des Westens – zusätzlich zu ihrer Lohnarbeit.

1994 beschloss die gemeinsame Verfassungskommission, den Artikel 3 des Grundgesetzes um folgenden Passus zu ergänzen: »Der Staat fördert die tatsächliche Durchsetzung der Gleichberechtigung von Frauen und Männern und wirkt auf die Beseitigung bestehender Nachteile hin.« Doch bis heute gibt es Ungleichheiten zwischen Männern und Frauen insbesondere auf dem Arbeitsmarkt. So lag der *Gender Gap Arbeitsmarkt* – der Indikator des Statistischen Bundesamts, der nicht nur die Verdienstlücken pro Stunden sowie die Unterschiede in der bezahlten monatlichen Arbeitszeit, sondern auch die Unterschiede in der Erwerbsbeteiligung von Frauen und Männern sichtbar macht – im Jahr 2022 bei 39 Prozent.[5] Und noch immer haben es Frauen ungleich schwerer, in Führungspositionen zu gelangen, sind sie unterrepräsentiert nicht nur in politischen Spitzenämtern und Vorständen von DAX-Unternehmen. Ja, es könnte sogar sein, dass sich die Situation von Frauen gerade durch die zunehmende Gleichberechtigung verschlechtert, durch einen sogenannten *backlash*. So sind – insbesondere nach der Corona-Pandemie – weniger Frauen weltweit in Führungspositionen gekommen, die Abtreibung wurde in zahlreichen Staaten wieder verboten und die Gewalt gegen Frauen hat spürbar zugenommen.

Die Suche nach weiblichen Lebensentwürfen und danach, was die innere Ordnung der Gesellschaft aus ihnen machte – und immer noch macht –, erklärte mir zunehmend auch das Gefühl, das mich rückblickend seit meiner Kindheit begleitet hat. Etwas war anders in meiner Familie. Alle Frauen waren erwerbstätig: Mutter, Tanten, Cousinen. Selbst meine Großmütter, die 1913 und 1918 auf die Welt gekommen waren und jeweils drei Kinder großgezogen hatten, hatten gearbeitet. Es war eine Selbstverständlichkeit. Lediglich meine Mutter hörte für ein paar Jahre auf zu arbeiten: Als wir im Winter des Jahres 1977 von Dresden nach Thüringen zogen, stellte sie einen Antrag auf Sondergenehmigung, damit wir nicht in den Kindergarten mussten und sie sich selbst um meinen Bruder und mich kümmern konnte, bis wir in die Schule kamen. Als meine Familie 1984 die DDR verlassen konnte, in den Westen übersiedelte und schließlich im südlichen Baden-Württemberg landete, fiel mir auf, dass die Mütter meiner neuen Freunde seltener erwerbstätig waren. In meinem kindlichen Verständnis waren alle Menschen im Westen so reich, dass die Mütter es nicht nötig hatten, zu arbeiten. Und vielleicht stimmte das auch. Aber es war nur ein Teil der Wahrheit.

Arbeiten zu können, Geld zu verdienen, für sich selbst sorgen zu können, erzählt viel über die Selbstbestimmtheit von Frauen. Und es erklärt auch, warum das Phänomen des selbstbestimmten Alleinerziehens ein recht neues ist.

Schon immer gab es Mütter, die Kinder bekamen, ohne zuvor geheiratet zu haben. Doch bis vor Kurzem gelangten Frauen durch die Geburt eines unehelichen Kindes in eine gesellschaftlich und gesetzlich höchst benachteiligende Situation. Denn während in der DDR die rechtliche Gleichstellung ehelicher und unehelicher Kinder bereits 1950 erfolgt war, dauerte das im Westen Deutschlands bis weit nach der Wiedervereinigung, bis 1998, als das Kindschaftsrechtsreformgesetz in Kraft trat und den Unterschied zwischen ehelichen und nicht ehelichen Kindern aufhob. Erst mit diesem Gesetz entfiel die Amtsvormundschaft des Jugendamtes, die seit 1970 dafür gesorgt hatte, dass die Mütter zwar das Sorgerecht erhielten, ihnen aber das Jugendamt als Unterstützung und als soziale Kontrolle beigeordnet war. Was eine deutliche Verbesserung war gegenüber dem Umstand, dass Frauen bis 1970 gar kein Sorgerecht für ihre eigenen Kinder hatten, sondern die unehelich geborenen Kinder automatisch unter die Vormundschaft des Jugendamtes fielen. Und gegenüber dem Umstand, dass ein Kind – zurückgehend auf das weiter oben schon zitierte Bürgerliche Gesetzbuch aus dem Jahre 1896 – bis 1970, als das Nichtehelichengesetz in Kraft trat, als nicht einmal mit seinem Vater verwandt galt (Paragraf 1589).

Wieder war es das 19. Jahrhundert mit der Etablierung des Bürgertums, in dem nicht eheliche Kinder »im Gegensatz zu früheren Jahrhunderten in der öffentlichen Wahrnehmung zunehmend als ein Problem der Frauen« angesehen wurden. Die ledige Mutter wurde häufig als »unnatürlich, unsittlich und pathologisch« verstanden. Und »mit diesen negativen Merkmalen behaftet, galt sie als unfähig, ihre Kinder zu erziehen«. Schon im Jahre 1824 wurde die erste deutsche Vormundschaftsorganisation gegründet, die das Aufsichtsrecht über Pflegekinder erhielt. »In den nächsten Jahrzehnten entwickelte sich ein System der Kontrolle über uneheliche Kinder. Mit der Einführung der Berufsvormundschaft in den 1880er-Jahren übernahmen Staatsbeamte die Vormundschaft, die mit der Geburt eines Kindes begann und mit der Volljährigkeit endete. Ledige Mütter hatten lediglich die Personenpflege für ihre Kinder inne, d.h. sie konnten nicht über Schule und Ausbildung ihres Kindes entscheiden. Mitunter wussten sie nicht einmal, wer der offizielle Vormund war.«[6]

Die heilige Familie – quo vadis?

Bis heute ist die Vorstellung, eine alleinerziehende Mutter sei grundsätzlich überfordert, weit verbreitet – auch bei den Jugendämtern. So waren laut Statistischem Bundesamt von den 2019 von Jugendämtern durchgeführten Inobhutnahmen – die vorläufige Aufnahme und Unterbringung eines Kindes außerhalb der Familie – 19014 auf erzieherische Überforderung der Eltern oder eines Elternteils zurückzuführen.

Der Soziologe Wolfgang Hammer, ehemaliger Koordinator der Bundesländer für den Bereich Kinder- und Jugendpolitik, untersuchte 42 Fälle aus den Jahren 2014 bis 2019 genau. In 39 Fällen handelte es sich um alleinerziehende Mütter – in drei Fällen um Großmütter – mit einem Kind. Alle Mütter, so stellte er fest, hatten sich freiwillig an das Jugendamt gewandt – mit der Bitte um Unterstützung bei Unterhaltsforderungen bzw. Transferleistungen wie Kinder- oder Wohnungsgeld, Ferien mit dem Kind, Mutter-Kind-Kuren, Kosten für Schulausflüge, Nachhilfe, Schulbedarf und Ähnlichem. »Keine der Mütter äußerte, dass sie mit der Erziehung ihres Kindes so überfordert sei, dass sie sich nicht mehr in der Lage sah, ihr Kind zu erziehen und zu versorgen.«[7] Den Alleinerziehenden wurden die schulpflichtigen Kinder weggenommen, ohne dass es Hinweise auf Gewalt oder Vernachlässigung gab. Als Grund wurde der Verdacht auf eine zu enge Mutter-Kind-Bindung genannt, der allerdings in keinem Fall durch ein »psychologisches oder psychiatrisches Gutachten, sondern aufgrund von Einschätzungen der fallzuständigen Fachkräfte durch die Hausbesuche und durch Einschätzungen Dritter (Nachbarn, Ex-Ehegatte, Großeltern) begründet wurde«.[8] Auch wenn, wie Hammer feststellt, die Wahrscheinlichkeit nicht zu leugnen ist, dass »gerade alleinerziehende Mütter mit einem Kind und ohne stützendes Umfeld eine sehr enge, bisweilen auch sehr einengende Beziehung zu ihrem Kind aufbauen« können, finden sich in den Akten dazu keine faktenbasierten Begründungen, »sondern nur Spekulationen«.[9]

Hammer traf sich mit sechs Jugendamtsmitarbeitern, die selbst diese Praxis kritisieren. Diese klagten, dass es gegenüber früher eine »deutlich herabgesetzte Eingriffsschwelle« gebe und die Theorie sogenannter symbiotischer Mutter-Kind-Beziehungen und die Vorstellung, »die Kinder von ihren Müttern zu befreien«, gerade bei jüngeren Fachkräften »hoch im Kurs« stünde. Auch wenn die Mehrzahl der Kinder nach einiger Zeit wieder bei ihren Müttern waren, zeigte sich, dass ihr Gesundheitszustand nach der Inobhutnahme schlechter war. Sie entwickelten Übergewicht und Essstörungen, drohten mit Selbstmord. Alkohol- und Drogenmissbrauch wurde ebenso festgestellt wie aggressives Verhalten. Fast alle Kinder hatten einen deutlichen Leistungsabfall in der Schule. Im August des Jahres 2020 – nachdem er 612 weitere Fälle untersucht hatte – wandte sich Hammer mit einem offenen Brief an den Familienausschuss des Bundestages und klagte die Zunahme »problematischer Inobhutnahmen« an.[10]

Stephanie Ponikau, Vorsitzende der Mütterinitiative für Alleinerziehende, erklärte dazu: »Die Bestrebungen, die dahinterstehen, sind ja (…) die ›heilige Familie‹, also dieses Standard-Traditions-Familienmodell, zu schützen. (…) Da ist natürlich jemand, der alleine Kinder versorgen kann, der happy ist, nicht verheiratet ist und alleine alles gut auf die Reihe kriegt, eine Bedrohung für dieses Familienmodell.«[11]

KAPITEL 4

Astrid Lindgren: Sprung aus der Schlangenhöhle

Vor einiger Zeit verbrachten wir unsere Frühjahrsferien in Schweden. Wohnten – gemeinsam mit einer ebenfalls alleinerziehenden befreundeten Mutter und deren Tochter – in einem auf einer Anhöhe gelegenen Haus. Die Holzarbeiten im Inneren – Täfelungen, maßgefertigte Fenster, Schränke und Regale – erzählten vom Reichtum der Erbauer in den 1980er-Jahren. Jetzt zeigte das Haus einige altersbedingte Mängel auf. Geradezu spektakulär aber war das bodentiefe, eine ganze Wand einnehmende Fenster im Wohnzimmer, das einen weiten Blick über die Landschaft gewährte. Waren im Nebel nur die Schemen von Büschen und Bäumen zu erkennen, so glitzerte bei Sonnenlicht die Ostsee nicht weit entfernt am Horizont.

Das Haus liegt in Westschweden, es ist nicht weit bis zur Region Småland. Nicht weit bis zur vielleicht bekanntesten Einwohnerin Südschwedens. Zumindest glaubt man, dass sie Schwedens bekannteste Einwohnerin ist. Dass man sie gleich, bei einem Spaziergang in der Umgebung, treffen wird. Vielleicht schon hinter der nächsten Abbiegung wird sie vom Balkon im ersten Stock eines der hübschen rot oder gelb gestrichenen Häuser winken, das Pferd auf der Terrasse, das Äffchen auf der Schulter. Wilde, abstehende rote Zöpfe, an den Füßen viel zu große Schuhe: Pippi Langstrumpf. Sie wird herüberlächeln und winken und in einem herausfordernden, frechen Ton fragen, ob man nicht hereinkommen möchte. Oder ob man vielleicht Angst hätte. Man wird näher treten und sehen, dass die Villa in Unordnung, *verlottert,* ist. Dass hier niemand für Ordnung sorgt oder dass die Ordnung eine ganz eigene, von Pippi erdachte ist. Denn Pippi lebt allein. Ihre Mutter ist früh gestorben, ihr Vater ist als Kapitän in der Südsee unterwegs. Sie ist sich sicher, dass er irgendwann zurückkommen wird. Von ihm hat sie ihre unglaublichen Kräfte geerbt. Sie ist so stark, dass sie ihr Pferd von der Terrasse in den Garten heben kann. Aus diesem Grund hat sie auch vor niemandem Angst, so allein in ihrem Haus am Rande der Stadt. Das Wichtigste für Pippis Unabhängigkeit aber ist die Kiste mit Goldstücken, die ihr Vater ihr hinterlassen hat, so viel, dass sie alle Kinder der Stadt zum Bonbonessen einladen könnte, so viel, dass es nie damit zu Ende gehen wird.

Ihre Erschafferin, die Schriftstellerin Astrid Lindgren, kam im Jahr 1907 ebenfalls in Südschweden, in der Nähe des Örtchens Vimmerby auf dem Hof Näs, als Astrid Ericsson zur Welt und wuchs dort auf. Mit 16 Jahren ging sie als Volontärin zur Lokalzeitung *Vimmerby Tidning* und träumte davon, Redakteurin zu werden. Doch als sie 18 Jahre alt war, musste sie feststellen, dass sie aus der Beziehung mit dem dreißig Jahre älteren Chefredakteur der Zeitung, Reinhold Blomberg, schwanger war. Eine Situation, die alles veränderte. Nicht nur wussten ihre Eltern mit der Scham nicht umzugehen, Blomberg selbst befand sich gerade inmitten eines Scheidungskrieges mit seiner zweiten Ehefrau – er hatte schon sieben Kinder aus einer vorherigen Ehe, seine erste Ehefrau war gestorben. Wäre herausgekommen, dass er außerehelichen Geschlechtsverkehr gehabt hatte und daraus ein Kind entstanden war, hätte man ihn wegen Unzucht anklagen können. Seine damalige Noch-Ehefrau Olivia Frölund setzte alles daran, ihn vor Gericht zu sehen. Ein Umstand, den die Stockholmer Tagezeitung *Dagens Nyheter* erst im Jahre 2007 – fünf Jahre nach dem Tod von Astrid Lindgren – anhand von Gerichtsunterlagen enthüllen konnte.

Astrid Lindgren zog allein nach Stockholm und begann eine Ausbildung zur Sekretärin. Als die Geburt ihres Kindes bevorstand, reiste sie mit Bahn und Fähre ins dänische Kopenhagen. Dort gab es mit dem *Rigshospitalet* das zu diesem Zeitpunkt einzige Krankenhaus in Nordeuropa, in dem eine Mutter ein Kind ohne Angabe des Namens des Vaters zur Welt bringen konnte. Am 4. Dezember 1926 kam Lars – Lasse – zur Welt.

Drei Wochen nach der Geburt fuhr Astrid Lindgren nach Hause zu ihren Eltern, es war Weihnachten. Im Anschluss kehrte sie nach Stockholm zurück zum Arbeiten. Ihren Sohn Lasse hatte sie bei Marie Stevens in der Nähe von Kopenhagen zurückgelassen, einer Frau, die selbst einen unehelichen Sohn hatte und einen weiteren Jungen aus Schweden aufgenommen hatte. Astrid Lindgrens Gehalt war so mager, dass sie damit unmöglich ihren Sohn zu sich hatte holen können. Sie sparte ihr Geld, bestieg alle paar Wochen den Zug und besuchte Lasse. Erst nach drei Jahren, als die Pflegemutter erkrankte, holte sie Lasse zu sich. Doch schon nach kurzer Zeit wurde Astrid Lindgren klar, dass sie das Kind nicht alleine in einem Zimmer in Stockholm großziehen und gleichzeitig arbeiten können würde. So brachte sie ihren Sohn zu ihren Eltern auf den Hof, und erst, als sie ein Jahr später Sture Lindgren, den Bürovorsteher des »Königlichen Automobil-Klubs«, heiratete, bei dem sie zu diesem Zeitpunkt arbeitete, war es ihr möglich, ihren Sohn zu sich zu holen. Später bekamen Sture Lindgren und sie noch eine gemeinsame Tochter, Karin. Die dänische Regisseurin Pernille Fischer Christensen erzählt von diesen schwierigen Anfangsjahren

Astrid Lindgrens in dem Spielfilm *Astrid*, der 2018 in die Kinos kam.

Mehr als 40 Jahre lang – bis 1970 – hat Astrid Lindgren über die Umstände der heimlichen Geburt und die ersten Lebensjahre ihres Sohnes geschwiegen. Zum einen, weil sie den Vater des Kindes hatte schützen wollen. Zum anderen aber aus Angst vor der Verachtung der Gesellschaft für diesen Skandal. Eine Schande sei es gewesen, schwanger zu werden von einem verheirateten Mann. »Noch nie gab es so viel Klatsch und Tratsch über so etwas Unbedeutendes (…)«, erzählte Lindgren später. »Gegenstand dieses Tratsches zu sein, fühlte sich ungefähr so an, wie in einer Schlangenhöhle zu liegen, und ich fasste den Entschluss, diese Schlangenhöhle so schnell wie möglich zu verlassen.«[1]

Und dann war da noch das Schuldgefühl über das Verlassen ihres Sohnes in einem anderen Land und darüber, dass sie ihn später dort wieder rausreißen musste. Als sie ihn zu sich holte, war Lasse drei Jahre alt, sprach Dänisch und betrachtete die Familie Stevens als seine Familie. Als er begriff, dass er nicht mehr dorthin zurückkehren sollte, so erzählte Astrid Lindgren später, sei er verzweifelt gewesen und habe leise geweint, vornübergebeugt über einen Stuhl. »Dieses Weinen weint immer noch in mir und das wird es wohl bis ans Ende meiner Tage tun.«[2]

Rund 100 Jahre sind seit der Geburt von Lasse vergangen. Und dass ich als Alleinerziehende mit meinen drei Kindern nach Schweden in den Urlaub reisen kann, ist sicherlich ein Beweis dafür, dass die Gesellschaft sich geändert hat. Ändern kann. Blickte sie einst mit Abscheu auf eine Frau, die ein Kind alleine zur Welt brachte und es alleine großzuziehen gedachte, ja, gab es für die Frau finanziell und strukturell ohne Kindergärten und staatliche Unterstützung die Möglichkeit gar nicht, so ist es zweifellos eine Errungenschaft, dies nun tun zu können, ohne geächtet zu werden.

Doch bis heute ist es Gesellschaft und Staat nicht gelungen, Alleinerziehenden einen festen Rahmen zu schaffen, in dem sie ihre Kinder unbeschwert großziehen können. Noch immer werden Frauen dafür in gewisser Weise bestraft, dass sie diesen Weg der Unabhängigkeit eingeschlagen haben – oder haben einschlagen müssen. Dass sie sich von ihren Männern trennen, dass sie ein Kind oder Kinder ohne oder mit nur geringer Beteiligung des Vaters großziehen wollen oder müssen.

Lasse, der Sohn von Astrid Lindgren, starb im Alter von 56 Jahren – an einer Alkoholkrankheit oder einem Gehirntumor. Astrid Lindgren, so viel ist bekannt, machte sich ihr Leben lang Vorwürfe wegen der Umstände von Lasses Geburt und den ersten Lebensjahren. Sie trug eine Schuld. Die wahrlich nicht allein die ihre war.

KAPITEL 5

Schuld, Scham und der Mut zur Veränderung

Schuld ist ein merkwürdiges Gefühl. Astrid Lindgren ließ ihren wenige Wochen alten Sohn in Dänemark zurück und kehrte nach Stockholm zurück, wissend, dass es nicht gut für ihn und auch nicht für sie sein würde. Sie hatte nicht die Freiheit zu entscheiden, das Kind in Schweden zu bekommen und dort alleine aufziehen. Dies widersprach der damaligen gesellschaftlichen Norm. Und den ihr zur Verfügung stehenden finanziellen Mitteln. Ihr fehlten Handlungsmöglichkeiten. Und genau in dieser Diskrepanz zwischen den eigenen Überzeugungen darüber, was richtig wäre, der von der Gesellschaft vorgelebten Norm und dem Gefühl, doch eine Handlungsmöglichkeit zu haben – denn ist man nicht letztlich ein freier Mensch? –, entsteht das Gefühl von Schuld. Im doppelten Sinne. Denn schuldig fühlt man sich einerseits gegenüber der Gesellschaft, deren Normen man nicht einhalten kann, und andererseits gegenüber sich selbst, wenn man den eigenen Überzeugungen und Gefühlen nicht folgen kann. Man steht vor der Wahl, entweder die eigenen Überzeugungen zu verleugnen oder die der Gesellschaft.

Das ist keine leichtfertige Entscheidung, denn auch wenn Gesellschaftssysteme ihren Bürgerinnen und Bürgern im 21. Jahrhundert mehr Freiraum gewähren und der soziale Druck geringer geworden ist, so ist es zugleich doch immer eine Frage, ob man mit seinem Lebensentwurf Teil der Gesellschaft ist oder eben nicht.

Habe ich mich schuldig gefühlt, als ich den Vater meiner Kinder verließ und alleinerziehend wurde? Schuldig gegenüber der Gesellschaft? Gegenüber meinen Kindern? Nein. Zugleich habe ich den Umstand der Trennung nach außen viele Jahre größtenteils verborgen. Hatte keine Lust auf mitleidige oder gar abfällige Blicke. Wollte mich dem Gefühl nicht aussetzen, vermeintlich die Gemeinschaft verlassen zu haben. Ein Gefühl, das einem auf ganz subtile Weise vermittelt wird. Das man manchmal mehr ahnen kann, als dass es immer deutlich ausgesprochen wird. Und so erzählte ich Menschen, die ich nicht so gut kannte, dass mein Mann viel arbeiten würde – was auch immer richtig war – und aus diesem Grund nur selten zu Hause sei oder nicht mit in den Urlaub hatte fahren können. Noch heute erstaunt mich der Gesichtsausdruck bei Menschen, wenn ich ihnen erzähle, ich sei alleinerziehend. Ein Seufzen, als habe man dem Gegenüber Schmerzen verursacht. Ein mitleidiges Nicken. Ein verkniffener Mund, der nicht ausspricht, was der Kopf in dem Moment denkt. *Du Arme!* Erst wenn man selbst erklärt, dass die Situation gar nicht zum Verzweifeln ist, vielleicht sogar im Gegenteil, löst sich das Gegenüber aus seiner Starre.

Man muss nicht groß Ausschau halten, wenn man Beispiele von Familien finden möchte, anhand derer man sehen kann, was passiert, wenn sich Menschen nicht trennen, obwohl sie sich nicht mehr ausstehen können, obwohl sie seit Jahren in getrennten Zimmern schlafen, obwohl der eine Teil der Partnerschaft vielleicht schon längst einen Neuen, eine Neue hat. Das Argument, man bleibe *we-*

gen der Kinder zusammen, ist ein denkbar schlechtes. Denn Kinder spüren, dass etwas nicht stimmt. Kinder bekommen die Streitereien mit, selbst wenn sie in zischenden Worten, in abfälligen Bemerkungen, in kleinen Erniedrigungen ausgetragen werden statt offen. Man tut seinen Kindern keinen Gefallen, wenn man ihnen vorgaukelt, dass alles in Ordnung sei. Im Gegenteil. Kinder lernen, dass sie ihren eigenen Gefühlen – dass nämlich tatsächlich sehr wohl etwas nicht stimmt – nicht vertrauen können.

Und trotzdem ist sich zu trennen ein brutaler Akt. Man reißt etwas auseinander. Man zerstört Hoffnungen, Lebenspläne, Vorstellungen. Die der Gesellschaft, des Umfeldes und die eigenen. Man durchläuft die Schmerzen der Trennung – selbst wenn es eine freiwillige Trennung war. Schließlich war man mit dem Partner oder der Partnerin einmal emotional verbunden. Man hat ein oder mehrere Kinder mit ihm oder ihr. Aber sollte man sich schuldig fühlen, weil man sich getrennt hat?

Auch wenn es – gerade in Großstädten – heute ganz unterschiedliche Lebensentwürfe mit Kindern gibt, hält sich das Bild der heilen Familie, Mutter, Vater und ein oder zwei Kinder, hartnäckig. Es wird von Steuergesetzen unterstützt und politisch gefördert. Indem ich mich trenne, verletze ich also die gängige Vorstellung der Gesellschaft. Vielleicht werde ich als egoistisch wahrgenommen. Vielleicht als bemitleidenswert. Sicherlich aber als unglücklich.

Im europäischen Vergleich: Wo geht es Alleinerziehenden am besten?

Studien haben sich mit der Frage beschäftigt, welche Faktoren dazu führen, dass ich mich als Alleinerziehende unglücklicher fühle als ein klassisches Ehepaar. Die Soziologen Olga Stavrova und Detlef

Fetchenhauer fanden heraus, dass es von den kulturellen Normen eines Landes in Bezug auf das Leben mit Kindern abhängt, ob Alleinerziehende unglücklicher sind als Eltern in Partnerschaft.[1] Es war die erste Forschung, die in 43 verschiedenen europäischen Ländern den Einfluss des normativen Klimas auf das psychische Wohlbefinden von Alleinerziehenden untersuchte. In einem Interview dazu erklärte die damals an der Universität Köln tätige Olga Stavrova: »Selbst wenn eine alleinerziehende Mutter davon ausgeht, dass sie ihren Kindern ein glückliches Aufwachsen ermöglichen kann, hängt ihr persönliches Glück davon ab, was die Menschen um sie herum darüber denken.«[2] Während es in Tschechien, Irland, Island oder Dänemark nur einen geringen Unterschied in der Lebenszufriedenheit zwischen gemeinsam erziehenden Eltern und Alleinerziehenden gibt, zeigen die Daten für Deutschland signifikante Unterschiede. Tatsächlich besteht in Deutschland im europäischen Vergleich der mit Abstand größte Unterschied im Glücksgefühl zwischen Alleinerziehenden und klassischen Elternpaaren – noch hinter Frankreich, Georgien und der Türkei. Was im Übrigen nicht bedeutet, dass klassische Elternpaare mit Kindern besonders glücklich wären in Deutschland, auch dieser Wert ist unterdurchschnittlich.

Eine andere Statistik belegt, dass in Deutschland deutlich mehr alleinerziehende Frauen – und ein paar Männer – in Großstädten leben und im Osten: »Je kleiner eine Stadt ist, desto weniger Alleinerziehende gibt es.«[3] Dies könnte mit den unterschiedlichen kulturellen Normen in Stadt und Land in Verbindung stehen. Und auch mit den Unterschieden zwischen West und Ost.

In dem Stadtteil, in dem wir wohnen, leben sichtbar viele Alleinerziehende. Sie wohnen in unserer Straße, ihre Kinder sind in den

Sportvereinen meiner Kinder, sie besuchen die gleichen Schulen. Für mich, für uns ist es ein großes Glück, an diesem Ort der Hansestadt leben zu können, der mir die Freiheit ermöglicht, meine Kinder großenteils unbescholten alleine großzuziehen. Vielleicht hätte ich mich, an einem anderen Ort lebend, anders entschieden. Vielleicht hätte ich die Ehe ausgehalten. Ob das gut für mich gewesen wäre? Und für meine Kinder?

In unserer Nachbarschaft ist es nichts Ungewöhnliches, ein Kind getrennter Eltern zu sein. Es gab in meinem nahen Umfeld niemanden, der mir ein schlechtes Gewissen machte, als ich mich vom Vater meiner Kinder trennte. Der mich fragte, warum ich das meinen Kindern antun würde. Im Gegenteil: Ich konnte mich darauf verlassen, dass mein Umfeld meine Entscheidung in sehr großen Teilen mittrug. Erst als die Kreise, denen ich von unserem Lebensmodell erzählte, größer wurden, als Ämter und Schulen einbezogen werden mussten, als ich auch an anderen Orten unterwegs war, als ich auch fremden Menschen davon erzählte, spürte ich, dass es manchmal Vorbehalte gab, Unverständnis, Mitleid und immer wieder auch abfällige Bemerkungen. Ob man es wollte oder nicht, wurde man von einigen Personen in eine Schublade gesteckt, die vielleicht mit *Abnormalität* beschrieben werden kann – von der Norm abweichend.

Vor ein paar Jahren war ich mit den Kindern im Urlaub in Österreich. Wandern und Mountainbiken. Ein Tal in Tirol, dessen Berge ich seit meiner Kindheit kenne, da ich dort selbst viele Urlaube verbracht habe. Wir lebten in einer kleinen Wohnung im ersten Stock eines Hofes. Unter uns im Erdgeschoss wohnte der Vermieter mit seiner Frau. Im Jahr zuvor waren wir schon einmal in der gleichen Wohnung gewesen, der Vermieter war zur Kur gewesen und seine

Frau hatte uns herzlich empfangen und betreut. Nun aber war der Vermieter da, ein Mann im beginnenden Rentenalter. Während wir seine Frau bei diesem Aufenthalt gar nicht zu Gesicht bekamen, sprach er viel mit uns. Klärte uns über die Berge und geeignete Wege auf und über das Wetter. Beäugte unser für Bergwanderungen nicht optimales Schuhwerk. Offensichtlich war ich, eine Frau mit drei Kindern, ihm ein Dorn im Auge. Etwas schien ihm zu fehlen. Während der Woche wurde immer deutlicher, dass er davon ausging, dass ich meine Kinder nicht ordentlich erziehen würde. In kleinen abfälligen Bemerkungen – solchen, auf die man nichts erwidern konnte, da sie in Nebensätzen versteckt wurden – machte er mir klar, dass er davon ausging, dass meinen Kindern die autoritäre Ansprache eines Vaters fehlte. Es schien ihm, ohne dass wir darüber sprachen, klar, dass auch zu Hause kein Vater auf uns wartete.

In der Nacht vor unserer Abfahrt hatten meine Kinder die tolle Idee, aus einem der Fenster unserer Wohnung im ersten Stock Kaugummiweitspucken zu veranstalten, und nicht bedacht, dass diese dicken, klebrigen Batzen allesamt auf dem blitzsauberen Vorplatz vor dem Haus des Vermieters landen würden. Am Morgen der Abreise, als wir unsere Koffer und Taschen nach unten zum Auto trugen, zitierte der Vermieter einen meiner Söhne zu sich, den er als Übeltäter ausgemacht hatte. Er murmelte etwas von der fehlenden harten Hand, von Unerzogenheit. Ganz so, als würden Kinder, die mit einem Vater aufwachsen, ordentlicher erzogen werden. Ganz so, als sei es offensichtlich, dass da etwas fehlen würde. Einen Moment lang war ich wie gelähmt, gelähmt von der Tatsache, dass meine Kinder Mist gebaut hatten, gelähmt aber auch von dem Übergriff. Er, ein uns fremder Mann, übernahm die für ihn fehlende Vaterrolle in einer traditionellen Art. Man spürte die Bedrohlichkeit. Sein Zucken in der Hand. Als wolle er meinem Sohn eine überwischen. Er tat es, ohne ihn zu treffen. Seine Augen waren hart. In ihnen stand nicht nur die verständliche Ablehnung des Kaugummis auf seinem Vorplatz, in ihnen stand nicht nur die Abneigung gegenüber meinem Sohn, sondern in ihnen stand die Abneigung gegen eine Gesellschaft, in der eine Frau alleine tausend Kilometer mit dem Auto fahren und ohne ihren eigenen oder einen anderen Mann Urlaub machen kann.

Es war nur ein Moment, bald hatte er sich wieder gefangen. Lächelte wieder, spielte den freundlichen Vermieter, der allen gegenüber offen ist, ja, sein muss. Der die gesellschaftlichen Gegebenheiten akzeptiert, auch wenn er nicht mit ihnen einverstanden ist.

Jenseits der Norm ist Platz genug

Immer noch hat die Gesellschaft eine ziemlich genaue Vorstellung davon, wie das Leben in Familien auszusehen hat. Eine Norm. Und dabei geht es nicht nur um die Frage, ob man allein mit seinen Kindern leben und glücklich werden kann. Jede Abweichung von der Norm – Vater, Mutter, zwei Kinder – kann infrage gestellt werden: Warum hast du keinen Mann? Warum hast du – als Frau – eine Frau und ein Kind? Wo ist der Vater deiner Kinder? Warum hast du – als Mann – einen Mann und zwei Kinder? Warum hast du kein Kind? Warum hast du nur ein Kind? Warum hast du so viele Kinder? Fast immer ist es dabei die Frau, deren Entscheidung infrage gestellt wird. Aber immerhin gibt es Abweichungen von der Norm. Und in den vergangenen Jahren führten Bücher und Filme zu Diskussionen über die Frage, was es heißt, die alte Norm aufzubrechen.

»Jedes Mal, wenn ich höre, dass eine Freundin ein Baby bekommt, fühle ich mich von einer bedrohlichen Kraft in die Enge getrieben, noch stärker bedrängt denn je«, schreibt die kanadische Schriftstellerin Sheila Heti in *Mutterschaft*.[4] Ein ganzes Buch lang hat sie sich darüber Gedanken gemacht, ob sie ein Kind haben möchte oder nicht. Schließlich kommt sie zu dem Schluss, dass sie, nein, kein Kind in ihrem Leben braucht. Und stellt fest: »Eine nicht mit Kindern beschäftigte Frau hat etwas Bedrohliches. Man hat das Gefühl, sie sei irgendwie unfertig. Was wird sie stattdessen machen? Was für einen Ärger?«[5]

In Deutschland bleibt etwa jede fünfte Frau kinderlos, oft ist es eine bewusste Entscheidung. Die Gründe dafür sind, wie die Duale Hochschule in Gera herausgefunden hat, mehr Freizeit (82,4 Prozent), eine größere Chance auf Selbstverwirklichung (80 Prozent) und der Wunsch, keine Verantwortung für die Versorgung und Erziehung eines Kindes übernehmen zu müssen (73,4 Prozent). Interessant daran ist, dass »68 Prozent aller gewollt kinderlosen Frauen einen Rechtfertigungsdruck gegenüber Außenstehenden« – der Gesellschaft also – verspüren. Dabei hätten mehr als 70 Prozent der Frauen, die sich gegen ein Kind entschieden haben, nie in ihrem Leben, weder in der Vergangenheit noch in der Gegenwart, den Wunsch verspürt, eine Familie zu gründen.[6]

Andere Frauen haben in den vergangenen Jahren darüber gesprochen, dass sie es bereuen, Mutter geworden zu sein. So führt die französische Psychoanalytikerin, Politologin, Volkswirtin und zweifache Mutter Corinne Maier in *No Kid* 40 Gründe auf, die dafür sprechen, keine Kinder zu haben: zum Beispiel, dass Kinder ein Vermögen kosten, dass man als Mutter ständig Angst hat, als Rabenmutter wahrgenommen zu werden, oder dass es bis heute Frauen sind, auf denen der Großteil der Erziehungsarbeit lastet. Sie kommt zu dem Fazit: »Mir wäre es lieber, ich hätte keine Kinder.«[7]

Isabella Dutton, britische Mutter zweier erwachsener Kinder, schrieb in einem Essay für die *Daily Mail,* ein Kind zu bekommen sei der größte Fehler ihres Lebens gewesen. Schon immer habe sie, die mit vier Geschwistern in einem liebevollen Zuhause groß geworden sei, gewusst, dass sie keine Kinder haben wollte: »I had always hated the idea of motherhood.« Doch ihrem Mann zuliebe, mit dem sie seit ihrer Jugend zusammen war, habe sie den Kindern doch zugestimmt, da sie ihm nicht hatte vorenthalten wollen, Vater zu sein. Sie empfinde Kinder als Parasiten, die kontinuierlich Dinge einfordern und ihr nichts Sinnvolles zurückgeben würden.[8]

In der viel beachteten Studie der israelischen Soziologin Orna Donath *#regretting motherhood. Wenn Frauen bereuen* berichten 23 israelische Frauen zwischen 26 und 73 Jahren, fünf von ihnen schon Großmütter, dass sie es bedauern, Mutter geworden zu sein. Und ihre Mutterrolle als negativ empfinden. Obwohl es für Frauen einfacher geworden sei, so Donath, über Mutterschaft zu sprechen und darüber, welch ambivalente Gefühle das in ihnen auslöst, bis hin zu dem Bedauern, Mutter geworden zu sein, »werden Mütter, die es wagen, sich über die Mutterschaft zu beschweren, immer noch mit Schimpf und Schande überzogen«.[9]

Die vielen Gesichter der Scham

Eng verbunden mit dem Schuldgefühl ist das Gefühl der Scham. Es entspringt unserem tiefen Wunsch nach Zugehörigkeit, und es ist, anders als das soziale, veränderliche Schuldgefühl, oftmals eine Reaktion, die körperlich erfahren wird. »Scham erinnert uns unkontrollierbar und schmerzhaft daran, dass wir Körper sind, die zum Überleben auf die Hilfe anderer Körper angewiesen sind«, schreibt die deutsche Essayistin und Lyrikerin Lea Schneider in *Scham*.[10] Menschen sind soziale Wesen. Sie brauchen einander, um zu überleben, und sie brauchen einander für ihr Wohlbefinden. Das Schamgefühl zeigt sich schon im Babyalter mit rund acht Monaten, wenn Babys zum ersten Mal das Gefühl haben, auf jemand Fremdes zu treffen, der sie nicht versteht und nicht kennt. Das sogenannte Fremdeln.

Die Scham hat zur Folge, dass Menschen nicht über ihre Situation sprechen. Sich nicht exponieren. Ihre Familie nicht exponieren. »Scham ist der große Stillmacher, und sie ist das mindestens zweifach«, schreibt Lea Schneider. »Im ersten Moment, wenn sie von außen kommt: als Gefühl, zu laut gewesen zu sein. Zu vorschnell. Zu sichtbar. Dich gefährdet zu haben, weil du aus dem Versteck des akzeptierten Verhaltens, aus der Unsichtbarkeit des Normalen herausgestolpert bist. (…) Im zweiten Moment, wenn die Scham sich im Körper festgesetzt hat, als Zensor, dessen einzige Aufgabe darin besteht, dich vor weiteren Gefahren zu beschützen. Der weiß, dass nichts sicherer ist, als den Mund zu halten.«[11]

Die Scham hat viele Gesichter. Sie kommt ganz freundlich lächelnd daher und fragt dich, ob du nicht lieber ein gut erzogenes Mädchen sein willst und einfach schweigen magst. Sie kommt brutal daher, höhnisch lachend, den vermeintlichen Pranger, an den einen die offenen Worte stellen werden, schon vorausdenkend. Sie kommt als ewige Hoffnung daher, mit dem Versprechen, dass man wirklich dazugehören wird, wenn man einfach noch eine Weile seine Klappe hält. Dass man sich nicht alles verbauen soll. Sie kommt hinterrücks daher, fragend, ob es anderen Menschen nicht noch viel schlechter ginge. Und ob es dann, dies wissend, in Ordnung sei, über die eigenen Befindlichkeiten zu sprechen. Die Scham macht uns feige. Sie stiehlt uns unsere Worte. Sie verleugnet uns. Sie stellt unsere Verletzlichkeit zur Schau. Sie macht uns einsam.

Im Falle von Astrid Lindgren war es schließlich die Heirat mit Sture Lindgren, die sie aus ihrer unerträglichen Situation befreite. Sie selbst hatte die Schuld für etwas auf sich genommen, worauf sie im Grunde keinen Einfluss hatte. Ihr Schuldgefühl entstand aus dem Unvermögen, sich gegen die Gesellschaftsnorm zu wehren. Und doch bot sie der Gesellschaft die Stirn. Nicht nur, indem sie Pippi Langstrumpf erschuf oder die erste Frau in ihrem Heimatstädtchen war, die sich die Haare kurz schneiden ließ, sondern auch, indem sie ihren Sohn nicht abtrieb und nicht in einem Heim zurückließ, sondern ihn auf die Welt brachte, ihn regelmäßig besuchte und im Alter von drei Jahren zu sich holte. Ein Jahr lang lebte er noch bei den Eltern von Astrid Lindgren. »Mit Pferd und Wagen fuhren sie durch Vimmerby, um öffentlich ein Zeichen zu setzen, dass Lasse zur Familie gehört, und dem ganzen Tratsch ein für alle Mal ein Ende zu machen.«[12]

Es braucht Mut, die Normen der Gesellschaft zu verändern. Doch sie können durchaus verändert werden. Heute sind Alleinerziehende in Dänemark, dem Land, in dem Astrid Lindgren ihren Sohn vor rund hundert Jahren heimlich zur Welt brachte, nicht signifikant unglücklicher als gemeinsam erziehende Eltern. Hier leben von allen europäischen Ländern die glücklichsten Eltern – unabhängig davon, ob sie alleine oder gemeinsam erziehen. Die Erklärung, so glauben die Wissenschaftler, liegt darin, dass in Ländern, in denen das Alleinerziehen von einem Kind oder Kindern gesellschaftlich akzeptiert ist, die Normen für die Kindererziehung im Allgemeinen lockerer und freizügiger sind. Eltern dort haben mehr Freiheit bei der Kindererziehung. Das befreit sie ganz generell von dem Druck, dem gesellschaftlichen Ideal von guten Eltern zu entsprechen.[13]

Was aber sind das eigentlich, gute Eltern? Was macht einen guten Vater, eine gute Mutter aus? Was sind die Säulen einer guten Erziehung? Und worin unterscheidet sich der Anspruch einer Alleinerziehenden von dem gemeinsam erziehender Eltern? Darum soll es im folgenden Kapitel gehen.

KAPITEL 6

Nachdenken über Erziehung

Wie kein zweiter Schriftsteller hat der Norweger Karl Ove Knausgård im zweiten Band *Lieben* seines sechs Bände umfassenden autobiografischen literarischen Projekts beschrieben, an welche Grenzen zwei moderne, auf Selbstverwirklichung bedachte Menschen stoßen, wenn sie kleine Kinder haben. Damals lebte Knausgård mit seiner zweiten Frau Linda in der schwedischen Hauptstadt Stockholm, sie hatten zu dem Zeitpunkt drei Kinder: Baby John und zwei Töchter im Kindergartenalter, Vanja und Heidi. Zu Beginn des Buches, im Juli 2008, sind Sommerferien, die Familie fährt in den Schrebergarten, den sie seit einigen Monaten besitzt, doch »wir stritten uns da draußen, vermutlich zum Amüsement unserer Nachbarn, mehrfach lautstark, und die mehreren hundert säuberlich gepflegten Gärten mit all diesen alten, halbnackten Menschen machten mich vor lauter Klaustrophobie recht reizbar«.[1] Sie fuhren nach Hause.

Um ein paar Tage später wieder aufzubrechen und Freunde in deren Ferienhaus auf der Insel Tjörn nördlich von Göteborg zu besuchen. Noch bevor sie losgefahren waren, hatten sie sich bei dem kinderlosen Paar erkundigt, ob es auch wirklich Besuch von ihnen mit den drei kleinen Kindern haben wollte, und die Freunde hatten ihnen versichert, sie freuten sich auf die gemeinsame Zeit. Hinein in das Ferienhaus »wälzten wir uns mit allen Kindern und Sack und Pack. Eigentlich hatten wir vorgehabt, die ganze Woche zu bleiben, aber schon drei Tage später packten wir alles wieder ins Auto und nahmen zu Mikaelas und Eriks unverhohlener Erleichterung erneut Kurs Richtung Süden.«[2] Mikaela hatte sich vorgestellt, mit den Kindern zu backen und schwimmen zu gehen. Aber sie und Erik hatten keinerlei Vorstellung davon, was es bedeutet, drei kleine Kinder im Haus zu haben. Den Kontrollverlust, das Chaos, die Unmöglichkeit, am Esstisch tiefgreifende Gespräche zu führen.

Bevor ich Kinder hatte, konnte auch ich mir nicht vorstellen, was es wirklich bedeuten würde, ein Kind oder Kinder zu haben. Ich gehöre auch nicht zu jenen Menschen, die sich das in ihrer Kindheit oder Jugend immer schon ausgemalt hatten. Im Gegenteil, sehr lange war ich davon überzeugt, dass ich lieber viel arbeiten und keine Kinder haben wollen würde. Bis ich den Vater meiner Kinder kennenlernte. Wenn ich überhaupt ein Bild von Kindern hatte, dann vielleicht ein romantisiertes: kleine Wesen, am liebsten lieb und brav und leise, die nur wissbegierig darauf warteten, von den Großen an die Hand genommen zu werden und alles gezeigt und gelehrt zu bekommen. Was für ein Missverständnis. Das erste Mal, als ich zu ahnen begann, dass es möglicherweise auch anders sein könnte, war, als – vier Jahre vor der Geburt meiner eigenen Tochter – meine Nichte auf die Welt kam. Auch wenn ich sie nicht so häufig sah, da mein Bruder und seine Familie in Süddeutschland leben, entsprach sie überhaupt nicht meiner Vorstellung eines lieben, braven Kindes. Meine Nichte war laut und wild, sie schrie und hopste überall rum. Am liebsten auf dem Sofa, auf dem ich gerade saß. Gingen wir vor die Tür, rannte sie hin und her. Sie hatte eine unglaubliche Energie und erschien mir widerspenstig. Sie schlief im Zimmer ihrer Eltern. Sie aß, worauf sie Lust hatte. Lange dachte ich, dass mein Bruder und seine Frau sie wohl nicht richtig erzogen.

Bis meine eigene Tochter im Jahr 2005 auf die Welt kam. Und mich in allem herausforderte. Ihrer Cousine nicht unähnlich, war auch sie ein Kind voller Energie und Widerspruch. Mit einem eigenen Kopf. Das erste Wort, das sie lernte, war »Nein«. Wenige Monate nach ihrer Ankunft war das Bild von dem Kind, das alles von mir lernen würde, zerbröckelt. Vielleicht war vielmehr ich es, die etwas von ihm lernen würde. Und vielleicht waren wir es gemeinsam, die voneinander lernen würden. Der Vater meiner Tochter musste, da es, als sie auf die Welt kam, nur für ein halbes Jahr Elterngeld gab, viel arbeiten, auch am Wochenende, sodass wir im ersten Jahr – bis ich zu meiner Arbeit zurückkehrte – meist allein waren. Hilfe von den Schwiegereltern oder Eltern oder anderen Verwandten hatten wir nicht, niemand lebte in unserer Nähe. Meine Freunde hatten zu dem Zeitpunkt alle noch keine Kinder. Aber schon bald lernte ich Frauen kennen, die ebenfalls gerade Mutter geworden waren. Ab und zu trafen wir uns, schoben gemeinsam die Kinderwagen durch das Stadtviertel.

Nicht nur die Abwesenheit von Verwandten, die mir erklärten, wie ich als Mutter zu sein habe und wie man Kinder großzuziehen habe, wie man Dinge in unseren Familien also schon vermeintlich *immer* gemacht hatte, führte dazu, dass ich im Zusammenspiel mit meiner Tochter darüber nachzudenken begann, was Erziehung für mich grundsätzlich bedeutete. Sicherlich auch, dass ich sehr autoritär erzogen worden war, mit einem starken Machtgefälle zwischen meinen Eltern und mir. So wollte ich meine Tochter auf keinen Fall erziehen. Aber wie dann?

Die Abwesenheit von nahen Verwandten bedeutete nicht, dass

der Umgang mit meiner Tochter ohne Ratschläge der Außenwelt vonstattenging. Sie kamen zahlreich. Und waren widersprüchlich und verwirrend und trugen nicht dazu bei, dass meine Unsicherheit weniger wurde. Im Gegenteil.

Einfach mal streng sein …

Zunächst begegnete mir die Vorstellung, man solle auf jeden Fall sehr streng sein. Als meine Tochter ein paar Monate alt war, besuchte ich eine Ausstellung in der Hamburger Kunsthalle mit ihr. Sie sollte im Kinderwagen liegen, während ich die Bilder betrachten würde. Sie fand die Idee blöd, und bald begann sie zu schreien. Auch aus Rücksicht auf die anderen Besucher nahm ich sie rasch auf den Arm. »So klein und schon so verwöhnt«, zischte mich eine Frau daraufhin an und schüttelte ihren Kopf abfällig.

In ihrem ersten Lebensjahr schrie meine Tochter häufig. Und beruhigte sich meist erst wieder, wenn ich sie auf den Arm nahm. Irgendetwas in mir aber sagte mir, dass meine Tochter mich ja mit ihrem Geschrei, auch wenn es manchmal wirklich schwer erträglich war, nicht ärgern wollte. Mich nicht herausfordern wollte. Sondern dass irgendetwas los war. Und vielleicht spiegelte sich in ihrem Schreien und ihrer extremen Anhänglichkeit im ersten halben Jahr auch nur meine eigene extreme Unsicherheit.

Auch andere, vorwiegend ältere Frauen, gaben in unterschiedlichen Situationen gerne einmal den Rat, man solle sein Kind einfach mal brüllen lassen, das würde ihm schon nicht schaden. Möglicherweise, so lernte ich viel später, war die ältere Generation noch von den Erziehungsmethoden der im Jahr 1900 geborenen Ärztin Johanna Haarer geprägt worden. Bekannt geworden war sie mit *Die deutsche Mutter und ihr erstes Kind*, einem von nationalsozialistischen Überzeugungen und großer Härte gegenüber Kindern geprägten Ratgeber – 1934 erstmals veröffentlicht. Er sollte die Vorstellungen von Erziehung auch nachfolgender Generationen noch stark beeinflussen. Während das Buch in der DDR nicht aufgelegt wurde, wurde es in Westdeutschland nach dem Zweiten Weltkrieg in überarbeiteter Form weiter publiziert, zuletzt 1987. Eine der Erziehungsideen lautete, man solle das Kind schreien lassen, wenn es schreie. Man solle auf keinen Fall Körperkontakt suchen. Das härte ab und stärke die Lungen.

Auch der erstmals 1998 publizierte Bestseller-Ratgeber *Jedes Kind kann schlafen lernen* von Annette Kast-Zahn und Hartmut Morgenroth, demzufolge man sein sechs Monate altes Baby vermeintlich trainieren kann, einzuschlafen, indem man es sich nach einem festgelegten, minutengenauen Programm in den Schlaf weinen lässt, tendiert in diese Richtung. Man müsse seinem Kind Härte zeigen. Auf keinen Fall solle man es auf den Arm nehmen, wenn es in dieser Situation schreie. Die Methode wurde von dem amerikanischen Kinderarzt, Neurologen und Harvard-Professor Richard Ferber entwickelt, erstmals vorgestellt 1985 in seinem Buch *Solve Your Child's Sleep Problems*. Im Jahr 2006 veröffentlichte er eine vollständig überarbeitete Publikation seines Buches und erklärte in einem Interview kurz nach seinem Eintritt in den Ruhestand, er sei missverstanden worden. Ferber, selbst Vater zweier Kinder, halte es für falsch, Kinder weinen zu lassen. Er würde dies nie empfehlen. Auch könnten Kinder durchaus bei ihren Eltern schlafen, wenn die Familie sich dafür entschieden habe. Es gäbe keine Ferber-Methode, und die Idee des Durchschlafens sei falsch, da Schlaf in Zyklen stattfinde und jeder nachts Phasen habe, in denen der Schlaf leichter sei. Seine Überlegung sei es gewesen, Babys beim Einschlafen zu helfen, indem man sich nach den Schlaf-Zyklen ausrichte.[3]

Heute setzt sich zunehmend die bedürfnisorientierte Erziehung durch, nach der die Gründe für das Verhalten von Babys und Kleinkindern in ihren Bedürfnissen zu suchen sind. Deren Erfüllung ist wichtig, damit das Kind ein gesundes Selbstwertgefühl entwickeln kann. Fernab von starren Konzepten plädieren Autorinnen und Autoren wie Nora Imlau und Herbert Renz-Polster für eine individuelle Wahrnehmung des Kindes und ermutigen Eltern dazu, eigene Wege zu suchen, nicht nur, aber auch, um dem Baby das (Ein-) Schlafen zu erleichtern.[4]

Das erste Jahr nach der Geburt meiner Tochter brachte mich an meine Grenzen und weit darüber hinaus – psychisch und physisch. Von einem Tag auf den anderen die vollständige Verantwortung für dieses kleine Wesen zu tragen und mich zugleich in einem permanenten Zustand des Schlafmangels zu befinden, machte mich rasend, verunsicherte mich zutiefst, ließ mich panisch werden. Ein wenig Entspannung fand ich im Rahmen der Perfektion, den ich mir überlegte. Alles sollte makellos sein für mein Kind, dann würde schon nichts schiefgehen. Ich plante unsere Tage, gab ihnen eine Struktur, fünf Mahlzeiten am Tag, nachdem das Kind im Alter von acht Monaten abgestillt war. Morgens eine Runde an der frischen Luft, nachmittags eine Runde auf den Spielplatz. Der Brei selbst gekocht mit Zutaten aus biologischem Anbau und frisch püriert. Baumwolle für die Kleidung. Zahlreiche Fotoalben erzählen von diesem ersten Jahr. Ich hatte die Vorstellung, dass mir Klarheit helfen würde, diese Ausnahmezeit mit kleinem Kind zu überstehen. Was stimmte und doch nicht ausreichte.

Als ich erneut schwanger wurde und unsere Zwillingssöhne nur 10 Monate nach dem ersten Geburtstag ihrer Schwester auf die Welt kamen, stürzten alle Vorstellungen von Rigorosität und Ordnung, alle Pläne, wie Dinge zu sein hatten, in sich zusammen, lösten sich auf und tauchten großenteils nie wieder auf. Zwar gab es weiterhin die Idee einer Struktur: Feste Mahlzeiten. Gesundes Essen. Abends die Kinder nicht zu spät schlafen legen. Auch ging meine Tochter weiterhin wochentäglich für ein paar Stunden in die Kita, aber alles drum herum wurde aufgebrochen von drei kleinen Kindern. Die einzigen drei ernsthaften Säulen, an denen ich in den ersten Wochen und Monaten nach der Ankunft der Zwillinge festhielt, betrafen nur mich allein: Eine Tasse Kaffee pro Tag, eine kurze Dusche täglich und, wann immer es möglich war, schlafen, weil es ohnehin nie genug war. Alles andere löste sich zunächst auf. Wurde von drei Wesen, die mich vollständig brauchten, weggewischt. Besonders der Wunsch zu schlafen löste einige Grundsätze auf, an denen ich mit einem Kind eher versucht hatte festzuhalten. Wo wir schliefen und in welcher Konstellation, wurde völlig egal, Hauptsache, es war für ein paar Stunden ruhig. Manchmal schlief ich erschöpft auf einer Matratze im Zimmer meiner Tochter, manchmal schliefen wir alle gemeinsam im Wohnzimmer – wir hatten dort eine große Matratze ausgebreitet, auf der alle einen Platz finden konnten. Besonders als sie klein waren, schliefen meine Söhne meist bei mir, da sie nachts gefüttert werden mussten.

Mutter, Vater, Kind – und nun?

Erst als auch unsere Söhne im Alter von 11 Monaten in die Kita kamen und ich an drei Tagen in der Woche, später achtzig Prozent arbeiten ging, kam wieder mehr Ordnung in unser Leben und auch Raum, um darüber nachzudenken, wie wir diese Kinder großziehen wollten, was für eine Familie wir sein wollten. Spätestens das war der Zeitpunkt, an dem mein Mann und ich deutlich spürten, dass wir sehr unterschiedliche Vorstellungen darüber hatten, was das mit uns machte, dass wir nun Eltern waren. Während ich als Mutter gar nicht auf die Idee kommen konnte, mein Leben habe sich durch die Ankunft der Kinder gar nicht verändert, es war ja buchstäblich vollständig umgekrempelt worden, war es für meinen Mann ein Prozess, den er nicht unbedingt mitgehen wollte. Zwar holte er unsere Kinder, als ich wieder tageweise zu arbeiten begann, an den drei Tagen nachmittags von der Kita ab. Gemeinsam schlenderten sie nach Hause, aßen ein Eis oder machten einen Abstecher auf den Spielplatz, aber die Hausarbeit, die wir vor Ankunft der Kinder geteilt hatten, lag weiterhin bei mir. Obwohl auch ich wieder arbeiten ging. Und während ich nur stundenweise zu ausgewählten Terminen abends oder am Wochenende das Haus ohne Kinder verließ, weil ich wusste, was für ein Stress es für eine Person allein bedeutete, sich um die Kinder zu kümmern, hielt er fest an langen Arbeitszeiten auch am Wochenende, an nächtelangen Treffen mit Freunden. Es war ihm wichtig, der Alte zu bleiben. Sich nicht auf die Veränderung einzulassen. Es gelang uns nicht, Gemeinsamkeit und Gleichzeitigkeit zu entwickeln.

Es mag Eltern geben, die sich vor der Geburt ihres Kindes zusammensetzen und überlegen, wie sie ihr Kind erziehen möchten. Was für Eltern sie sein wollen. Die Mehrzahl der Menschen aber stürzt relativ unvorbereitet in dieses Abenteuer. Was vielleicht gar nicht das Schlechteste ist. Denn die drei Hauptfaktoren, die eine Familie ausmachen, sind vor der Ankunft des Kindes, der Kinder, unbekannt, man kann sie vorab gar nicht kennen: Was für eine Mutter werde ich? Was für ein Vater werde ich sein? Wie fühlt sich das an? Wie gehe ich mit dieser ständigen Herausforderung und bisweilen Überforderung um? Und: Was für ein Kind bekommen wir? Alle drei Faktoren – die Entwicklung der Mutter, die des Vaters und die Persönlichkeit des Kindes – kann man erst verstehen und beeinflussen, wenn das Kind da ist. Und sie verändern sich noch einmal, wenn weitere Kinder dazukommen. Manche Eltern werden ob der Überforderung herrisch. Manche Mütter ziehen sich vollkommen aus dem öffentlichen Leben, von ihren alten Freundschaften zurück und konzentrieren sich nur noch auf ihr Kind, während andere nach ein paar Wochen schon wieder arbeiten und auf Geschäftsreisen gehen. Manche Kinder sind ängstlich, andere ungestüm. Manche Kinder sind bockig, andere zugewandt. Alle haben ihren eigenen Kopf, ihre eigene Persönlichkeit. Jede Familie ist anders, und jede Familie muss sich Zeit geben, um sich kennenzulernen. Um miteinander zu verhandeln, wie man sein möchte. Was einem wichtig ist. Und jede Familie befindet sich in einem ständigen Anpassungsprozess, da die Kinder wachsen und sich ständig verändern und weil die Bedürfnisse eines Kleinkindes sich vollständig von jenen eines Teenagers unterscheiden.

Viele Frauen hadern mit sich und ihrer neuen Rolle. Mit all den Verpflichtungen, denen sie jetzt nachkommen müssen. Mit der Verantwortung, die sie nun tragen. Und mancher Vater findet sich – auch weil es, zumindest in der Theorie, als neue Normalität postuliert wird – in einer Rolle wieder, in der jahrhundertelang vermeintlich Frauen steckten. So beschreibt Karl Ove Knausgård in *Lieben,* wie er frustriert mit dem Kinderwagen durch die Stadt lief. Es fühlte sich für ihn wie eine Schmach an, obwohl es, wie er schreibt, selbstverständlich für ihn als moderner Mann war, dass er sich gleichberechtigt um die Kinder kümmerte: »(ich) fügte (…) meinem Leben nichts hinzu, was es bereicherte, es wurde ihm im Gegenteil etwas genommen, ein Teil meiner selbst, der mit Männlichkeit zu tun hatte«. So wollte keine einzige der Frauen, der er auf dem Spaziergang begegnete, mit ihm, wie es sonst der Fall war, flirten. Er wurde einfach nicht gesehen. »Und so kam es, dass ich modern und verweiblicht mit einem wutschnaubenden Mann aus dem 19. Jahrhundert in meinem Inneren durch die Straßen Stockholms lief.«[5]

Im Laufe meiner ersten Monate und Jahre als Mutter wurde mir klar, dass nicht *ich* meinen Kindern etwas beibringen und ihnen die Welt erklären würde, sondern dass sie schon als ziemlich vollständige Persönlichkeiten zur Welt gekommen waren, die es selbst übernahmen, die Welt zu entdecken und sich Dinge anzueignen. Man musste sie nur machen lassen. Eine Erkenntnis, vielleicht aus der Not geboren, die aber ungemein heilsam war, weil sie mir eine große Last von den Schultern nahm. Ja, die Verantwortung für Kinder ist immens. Aber nein, Kinder brauchen die Eltern nicht als konstante Lehrer und Lehrerinnen. Sie lernen ganz von alleine. Denn das, was im Kleinen stimmt – kein Elternteil käme auf die Idee, seinem Kind vorzumachen, wie es zu krabbeln oder später selbstständig zu laufen habe –, stimmt auch im größeren Kontext: Kinder lernen durch Vorbilder und durch Versuche. Als Erwachsene aber können wir, wenn wir es zulassen, viel von unseren Kindern lernen. Zum Beispiel, die Welt und Orte, die man seit Jahren kennt, mit neuen Augen zu entdecken.

An einem Herbsttag fuhr ich die Kinder ausnahmsweise mit dem Auto in die Kita – sonst liefen wir immer mit unserem Zwillingswagenungetüm. Es war früh am Morgen, alle waren noch ein wenig müde. Da begann meine Tochter plötzlich zu kreischen. Sie muss gut drei Jahre alt gewesen sein. Zuerst verstand ich nicht, was sie so in Aufregung versetzte, dann begriff ich, dass es die Vögel waren, die über den Hausdächern in einer Formation flogen. Eine ganze Schar. Oft habe ich an diese Szene zurückgedacht. An die Begeisterung meiner Tochter. An ihre Aufregung. An ihren Stolz, das entdeckt zu haben.

KAPITEL 7

Begleiten Alleinerziehende ihre Kinder anders?

Was sich in den ersten gemeinsamen Jahren mit den Kindern herausschälte und noch viel mehr, als ich alleinerziehend wurde, war weniger ein großartiges Konzept als eine Haltung, die in einem Rahmen entstand und sich immer weiterentwickelte. Ich beobachtete meine drei so unterschiedlichen Kinder und mich selbst. Merkte, wo es müßig war, einzugreifen, und wo es unabdingbar war. Und da die Kinder fortwährend wuchsen und sich veränderten, änderte sich auch der Rahmen. Kinder brauchen Freiheit, um sich selbst entwickeln, selbst die Welt entdecken zu können, und sie brauchen zugleich Regeln, die sie schützen und ein gutes Miteinander gewährleisten.

Sich selbst in dieser neuen Situation zu vertrauen, ist vielleicht das Schwerste. Man war ja noch nie Eltern, man hat das nicht geübt. Die Unsicherheit wird auch von außen befeuert. Als Mutter von Kindern, die gerne zu dritt auf dem Zwillingskinderwagen herumturnten – zweimal brach die Achse und musste erneuert werden –, als Mutter von drei Kindern, die innerhalb von zwei Jahren auf die Welt kamen, als Mutter von Kindern, die vorzugsweise die gesamte Wohnung in ihr Kinderzimmer verwandelten und Bauklötze und

Legosteine von der Eingangstüre bis in alle Zimmer verteilten, trifft man immer wieder auf Menschen, die ungefragt Ratschläge geben: *Kinder sollten erst sehr spät schlafen gehen, damit sie morgens lange schlafen.* Die erklären, was man alles falsch macht in der Erziehung: *Das ist nicht gut für die Entwicklung der Füße, dass dein Kind im Sommer barfuß läuft.* Und die selbstverständlich wissen, wie man es besser machen könnte: *Warum setzt du deine Kinder nicht vor den Fernseher, wenn du aufräumen musst? Das entspannt sie.*

Ordnung muss sein …

Ein Freund von mir – Vater einer Tochter im Alter meiner Söhne – bekam eines Tages, da waren unsere Kinder vielleicht drei Jahre alt, einen wahren Tobsuchtsanfall, als er erfuhr, dass ich mit meinen Kindern nicht beim PEKiP-Kurs gewesen war, dem Prager Eltern-Kind-Programm. Jenem Kurs, in dem Kinder in ihrem ersten Lebensjahr splitterfasernackt in einem sehr warm aufgeheizten Raum spielerisch und motorisch gefördert werden sollen. Ich solle mich nicht wundern, so seine bedrohliche Aussicht, wenn meine Kinder später einmal motorisch nicht so fit sein würden. Und ob das mit der Entwicklung des Gehirns alles so klappen würde?

Bei einer anderen Gelegenheit wollte eine Bekannte mir und meinen Kindern eines Tages endlich zeigen, wie man *ordentlich* spazieren geht. Alle sollten sich an den Händen fassen. Stramm lief sie los. Kein Blick auf den Bürgersteig, wo es so viel Spannendes zu entdecken gegeben hätte. Steinchen und Gräser, Kanten, die zum Balancieren eingeladen hätten, Schnecken, die langsam über den Asphalt krochen. Pause gemacht wurde auf einem kleinen Spielplatz. Eine rostige Schaukel, eine in die Jahre gekommene Rutsche, auf der man nicht mehr richtig rutschen konnte. Bald entdeckten die Kinder das Areal hinter dem Spielplatz, durch das man herrlich laut kreischend rennen konnte. Bergauf und bergab, durchs hochstehende Gras.

Sich selbst vertrauen zu können, ist auch aus anderem Grund nicht so einfach. Weil man das mit der Kindererziehung zum ersten Mal macht, will man es natürlich besonders gut machen. Es ist ein Vorsatz, an dem man auch scheitern wird. Man wird Fehler machen. Man wird ungerecht handeln. Man wird überfordert sein, auch wenn man sich vorgenommen hat, nicht mehr überfordert zu sein. Und gerade wenn man nicht die überstrenge Mutter oder den autoritären Vater verkörpert, wird man festgesetzte Normen anderer Menschen verletzten. Denn natürlich werden die Kinder, frisch eingecremt nach dem Duschen, auf dem teuren Designersofa der Patentante turnen und fläzen, genauso wie man selbst – nicht darüber nachdenkend, dass die Creme dort Spuren hinterlassen wird. Und natürlich werden die Kinder genau dann nicht ruhig an der Kaffeetafel sitzen, wenn Tante und Onkel zu Besuch kommen. Gerade dann muss laut gebrüllt werden, der Saft umgeworfen, die Torte auf dem Teller mit einem Lachen zerfetzt werden. Und auf jeden Fall muss in dem Bekleidungsgeschäft, in dem man sich dringend eine neue Hose kaufen will, Verstecken zwischen Regalen und Kleiderständern gespielt werden, bis ein völlig aufgelöster Mitarbeiter herangeeilt kommt und fordert, dass dieses Verhalten sofort einzustellen sei.

Und auf jeden Fall wird man, völlig entnervt, eines Tages mitten in der Stadt/im Park/im Auto seine Kinder einfach anbrüllen, weil man kein Krümelchen Energie mehr übrig hat. Weil alle Energie verschlungen wurde vom ständigen Ermahnen, Beruhigen, liebevollen Ermuntern. *Nein, wir fahren nicht mehr lange, wir sind gleich da. Nein, wir haben keine Gummibärchen mehr, aber es gibt noch geschnittene Äpfel. Kannst du bitte deine Füße aus meinem*

Rücken nehmen und nicht ständig gegen den Sitz hauen? Nein, wir können Bibi Blocksberg/Käpt'n Sharky leider nicht noch einmal anhören.

Gemeinsam die Nerven behalten

Was wirklich hilft, sind andere Menschen, die man treffen oder anrufen kann – auch wenn das Kind gerade auf einem rumturnen mag und es richtig doof findet, dass man ausgerechnet jetzt telefonieren muss. Nicht nur das Netzwerk von Freund:innen, sondern auch Kinderärzt:innen und Menschen in ähnlichen Situationen. Was tun, wenn das Kind ohne Grund schreit oder merkwürdige Flecken hat? Wirklich, das ist schon wieder Scharlach? Hatte mein Kind das nicht erst vergangenes Jahr? Was mache ich, wenn mein Kind partout kein Ei oder keine Tomate essen mag? Warum muss es so viel Zeit an seinem Handy verbringen? Schläft euer Teenager auch nach der Schule immer ein? Ist diese Schulter, die so merkwürdig herunterhängt, wirklich ein gebrochenes Schlüsselbein?

Die Kindheit der eigenen Kinder ist voller bedrohlicher Schockmomente. Der erste Fieberkrampf, der erste bellende Pseudokrupp-Husten auf dem nächtlichen Balkon, das erste Fieber, das über 40 Grad klettert. Ständig muss man Wunden versorgen, Beulen kühlen, darf nicht vergessen, dass die Zahnfee nachts wiederkommen muss, weil ein weiterer Zahn rausgefallen ist. Und was für ein hilfloses, schreckliches Gefühl, wenn ein Kind wirklich krank ist. Wenn man mit einem Säugling im Krankenwagen sitzend mit Blaulicht und Verdacht auf eine schwere Lungenentzündung zum Krankenhaus düst, während die anderen beiden noch kleinen Kinder bei der Kinderärztin auf ihren Papa warten. Wenn der winzige Finger an ein Gerät angeschlossen wird, das den Sauerstoffgehalt im

Blut überwacht und laut piept, wenn es einen bestimmten Wert unterschreitet. Gut, wenn man Menschen in seiner Umgebung weiß, auf die man sich verlassen kann. Dies gilt für alleinerziehende vielleicht noch mehr als für gemeinsam erziehende Eltern. Es ist wichtig zu wissen, dass es im Notfall oder auch bei einfachen Fragen Menschen gibt, die da sind und vielleicht sogar in einer ähnlichen Situation stecken.

Immer wieder traf ich in den vergangenen Jahren auf Frauen – kein einziger Mann ist mir in Erinnerung –, die mir schwesterlich zugewandt waren. Die mich oft nicht mit Worten, doch mit Blicken, mit einer sanften Berührung, einem Streichen über dem Rücken, einer Hand auf dem Arm beschworen, dass ich das schaffen konnte. Die mir einen wissenden Blick zuwarfen, wenn ich vollständig entnervt war, der mir sagte, dass es irgendwann wieder besser werden würde. Neben uns wohnte bis zu ihrem Tod eine ältere Nachbarin, die die Kinder ins Herz geschlossen hatte. Jeden Morgen, wenn wir uns auf den Weg zur Kita machten, öffnete sie ihre Tür, begrüßte die Kinder liebevoll und steckte ihnen einen Traubenzucker für den Tag zu. Und zum Nikolaus stellte sie, zum Entzücken der Kinder, kleine Stiefelchen vor unsere Haustüre, die mit Schokolade gefüllt waren. Mit kleinen Gesten brachte sie Freude in unseren Alltag und wurde für meine Kinder eine wichtige Bezugsperson.

Und es hilft manchmal, einfach loszulassen und sich auf die Situation einzulassen. Vor allem bei der Bewegung: Kinder bewegen sich nicht linear. Sie sind viel raumgreifender als Erwachsene, nehmen den Raum in anderen Dimensionen wahr. Rennen eine Strecke vor und zurück, kommen vom Weg ab, entdecken plötzlich auf der anderen Seite der Straße etwas Aufregendes, das unbedingt *jetzt* betrachtet werden muss. Können stundenlang durch Pfützen hüpfen, sehen aufregende Abenteuer, wo man als Erwachsener nur die Spuren eines Regenschauers sieht.

Familienbande

Sehr bewusst wurde mir das bei einem unserer alljährlichen Familienwochenenden. Ein Treffen mit meinem Bruder, meiner Schwägerin und Schwippschwägerin – seit Geburt ihres Kindes alleinerziehend – und all unseren Kindern. Vier Erwachsene und sieben Kinder. In diesem Jahr hatten wir uns im tschechischen Karlovy Vary – ehemals Karlsbad – eingemietet. Ein Haus auf einer Anhöhe am Ende einer Straße, kurz bevor der Wald begann. Abends nach der Ankunft gab es Berge von Spaghetti mit Tomatensoße und Salat, am nächsten Tag liefen wir in die Stadt. Wir sind drei unterschiedliche Parteien und haben ziemlich unterschiedliche Vorstellungen davon, wie man Kinder großzieht. Doch bei unseren Familienwochenenden gibt es zwei gemeinsame Grundhaltungen, die uns besonders, als die Kinder noch sehr klein waren, etliche komplizierte Diskussionen erspart haben: Tagsüber stehen unsere Kinder und ihre Bedürfnisse im Mittelpunkt, und abends, wenn die Kinder im Bett liegen oder schlafen, haben wir Zeit für uns. Für ausführliche Gespräche und Diskussionen, für Rotwein, Bier und Zigaretten. Und: Wir mischen uns nicht in die Erziehung der anderen Parteien ein, sondern versuchen, uns für die Zeit des Zusammentreffens auf den kleinsten gemeinsamen Nenner zu verständigen.

Und so kam es, dass wir uns bei unserem Besuch der Stadt Karlovy Vary einfach treiben ließen. Hätten wir als Erwachsene vielleicht ein oder zwei Museen, Ausstellungen oder Kirchen besucht und wären am Abend in ein Restaurant mit regionaler Küche eingekehrt, so liefen wir einfach los, mit ein paar Ideen im Kopf, von denen wir noch nicht wussten, ob wir sie würden umsetzen können. Meine Tochter war damals noch in ihrer sehr lang anhaltenden Kletter- und Turnphase, es war ihre Art, sich in einem Raum fortzubewegen. Sie baumelte kopfüber an Stangen, sie balancierte über schmale Mauern, sie machte Handstände, manchmal Überschläge. Die Stadt, in der sie sich befand, war ihr egal. Wichtig waren spannende Möglichkeiten des Austestens, des Ausprobierens.

Am Fuße des Berges, als wir in die Altstadt kamen, stieg uns der süße Duft aus der Backstube einer Bäckerei in die Nasen. Die Kinder wollten unbedingt den Geschmack des tschechischen Gebäcks *Trdelník* ausprobieren. Wenig später stießen wir auf eine der Heilquellen, für die Karlovy Vary berühmt ist. Der Geysir in der Sprudelkolonnade stößt sein heißes Wasser bis zu 12 Meter in die Höhe. Abgekühlt, aber immer noch warm, soll man es als Heilwasser trinken. Doch während man als Erwachsener dazu geneigt ist – angesichts der langen Geschichte und Bedeutung dieses Ortes, der schon seit dem 14. Jahrhundert für dieses Wasser bekannt ist, das seit dem 18. Jahrhundert für Heilbehandlungen genutzt wird –, ehrfürchtig von dem warmen Wasser, das man vornehmlich aus Schnabeltassen zu sich zu nehmen hat, zu nippen und sinnend zu nicken, verzogen die Kinder die Gesichter angesichts des warmen salzigen Wassers. Mit ihrem angeekelten Lachen entzauberten sie das ganze Setting in der Halle mit den andächtig schlürfenden Menschen, auf manchem Gesicht lag gar ein entrückter Blick. Wir zogen weiter, am Fluss Teplá entlang, betrachteten die exquisiten Geschäfte, und zusehends staunten auch wir Erwachsenen, da wir auf immer mehr überaus fein gekleidete Menschen stießen, die, in Gespräche versunken, über den Boulevard flanierten oder in kleinen Grüppchen zusammenstanden. Herren in Lederschuhen und Dreiteilern mit Einstecktüchern. Sorgsam geschminkte Damen in schönen Kleidern, deren Füße in Schuhen mit winzigen Absätzen steckten, geschmückt mit erlesenen Handtaschen, Handschuhen, Tüchern und Hüten. Und es waren nicht nur ein paar, Dutzende dieser ausgewählt bekleideten Menschen säumten die Straße entlang des Flusses. Ein Theaterstück? Eine etwas pompöse Hochzeit? Die Kinder steckten uns mit ihrem Staunen an.

Schließlich stießen wir auf das Grandhotel Pupp – in *Casino Royale* residierte hier James Bond, verkörpert von Daniel Craig. Im Foyer ließen wir uns auf eine Tasse , heiße Schokolade und ein Stück Kuchen nieder. Ein Mann schrie, breitbeinig auf einem der ausladenden Sessel sitzend, lautstark telefonierend in sein Telefon, Menschen in weißen Bademänteln huschten über die dicken Teppiche. Wir fanden heraus, dass all die feinen Menschen Teilnehmer:innen eines europäischen Adelstreffens waren, das an diesem Wochenende in Karlovy Vary stattfand. Am Abend sollte ein rauschender Ball stattfinden.

Vielleicht hatten wir an diesem Wochenende wenig über die lange und sehr verwobene Geschichte dieser Stadt gelernt, aber wir hatten Erinnerungen an feine Klettergelegenheiten, an altes, knubbeliges Kopfsteinpflaster, an süßes Gebäck und salziges Wasser gesammelt und an Menschen, die aus einer anderen Welt zu stammen schienen und an Schlösser, Königinnen und Bälle erinnerten. Wir hatten die Stadt mit unseren Sinnen erlebt.

Waren wir ordentlich durch die Stadt gegangen? Sicher nicht. Wenn wir auch grundsätzlich eine Idee davon hatten, was wir sehen wollten, so liefen wir doch hin und her – vor allem auf der Suche nach frischen Oblaten, die wir nirgendwo fanden. Wir betrachteten unterschiedliche Häuser und Schaufenster, und natürlich kletterten und sprangen unsere Kinder nicht nur umher, sie spielten auch in diesem öffentlichen Raum Fangen, sie riefen sich und kicherten laut. Kinder haben andere Bedürfnisse und andere Wünsche an öffentliche Orte oder Plätze als Erwachsene. Und während es großartig ist, dass es in Deutschland so viele Spielplätze gibt, auf denen Kinder sich geschützt austoben können, so ist es doch eine erwachsene Trennung des Raumes in Spielraum/Nichtspielraum. Kinder entdecken ihre Welt spielend und das tun sie nicht nur auf dem Spielplatz.

Wir haben auf diese Weise viele verschiedene Orte und Regionen kennengelernt. Als unsere Kinder älter wurden, kamen Zeiten hinzu, an denen sie auch allein eine Stadt erkundeten. Und an denen wir Erwachsenen nun auch tagsüber manchmal Zeit für einen kurzen Besuch einer Ausstellung, eines Flohmarktes oder für ein kleines Shoppingabenteuer erhielten.

Erziehen Alleinerziehende ihr Kind oder ihre Kinder also anders als Paare? Fehlt den Kindern von Solomüttern, so eine oft kolportierte Aussage, nicht doch der Vater? Verschiedene Studien der vergangenen Jahre, die das Wohlergehen von Kindern verglichen haben, die in Familien mit einer alleinerziehenden Mutter und in Familien mit zwei Elternteilen aufwachsen, kommen zu dem Schluss, dass es keine Unterschiede in der Eltern-Kind-Beziehung oder bezüglich der Entwicklung des Kindes gibt.

Zwei andere Faktoren sind für die Entwicklung von Kindern entscheidend: In einem emotional nicht belasteten Umfeld aufzuwachsen – Kinder, die beispielsweise langwierige Streitigkeiten ihrer Eltern nicht nur in einer Scheidungsphase miterleben müssen, sind sehr belastet. Und die Frage nach der finanziellen Sicherheit, die Kinder betrifft, die in Armut aufwachsen. Davon wird im Kapitel 14: Solo-Klassismus noch ausführlich die Rede sein.[1]

Ein deutlicher Unterschied zwischen alleinerziehenden Müttern und Elternpaaren ist, so belegen verschiedene Studien, dass Solomütter – Soloväter sind bislang wenig erforscht – häufig über ein größeres soziales Unterstützungsnetzwerk verfügten als ein klassisches Elternpaar. Die Ergebnisse widerlegen eindeutig das Bild der marginalisierten, sozial ausgegrenzten Alleinerziehenden, das sich so hartnäckig hält.

Es gibt Alleinerziehende, die ihre Kinder sehr streng erziehen und ihnen viele Vorgaben machen. Andere stecken ihren Kindern einen so weiten Rahmen, dass diese sich darin auch mal verlieren können. Beide unterscheiden sich in ihren Erziehungsstilen nicht von Elternpaaren, die einen autoritativen Erziehungsstil pflegen, oder Eltern, die so viel arbeiten, dass sie ihre Kinder kaum sehen und ihre Abwesenheit mit Geld kompensieren. Und es gibt Alleinerziehende, denen das schlechte Gewissen zur Seite steht. Denn den *armen Kindern*, die jetzt ohne Vater groß werden sollen, so der Gedanke, muss mehr erlaubt und zugestanden werden. Doch ein schlechtes Gewissen ist kein guter Ratgeber.

Und es gibt Alleinerziehende und Elternpaare, die ihren Kindern einen Raum gewähren, der eigene Entwicklung zulässt, ohne das soziale Miteinander zu vernachlässigen. Die auch darauf achten, dass sowohl die Beziehungen zu den Eltern als auch die Beziehungen der Geschwister untereinander gut sind. Was mal besser, mal schlechter gelingt. Denn in jeder Familie, insbesondere mit mehreren Kindern, gibt es Eifersüchteleien und Konkurrenzkämpfe und kommt bisweilen bei einzelnen Kindern das Gefühl auf, das eine Kind würde vor dem oder den anderen bevorzugt werden.

*B*eziehung statt *Er*ziehung

Als ich wieder mehr Zeit hatte zu lesen, fand ich heraus, dass die 1870 geborene italienische Reformpädagogin und Ärztin Maria Montessori schon vor einhundert Jahren davon überzeugt war, dass jeder Mensch über einen individuellen inneren »Bauplan« verfüge, über Veranlagungen und Potenziale also, die sich von selbst entwickeln, wenn es die Umstände zulassen. Wenn es Freiräume gibt, aber auch Anregung. Zu einer Zeit, da Kinder häufig noch als Objekte verstanden wurden, setzte sie sich für Räume ein, in denen Kinder die Möglichkeit erhielten, sich – unterstützt durch Erwachsene – frei zu entfalten und zu bilden.

Maria Montessori selbst war eine Mutter unter widrigen Umständen. 1898 war sie von einem Kollegen schwanger geworden, mit dem sie eine Beziehung pflegte. Da sie nicht verheiratet waren, brachte sie ihren Sohn heimlich zur Welt – um einen Skandal zu vermeiden, der ihre Karriere und die des Kindsvaters hätte zerstören können. Im Geburtsregister des Sohnes stand zu lesen »Eltern unbekannt«. Maria Montessori gab ihn zu einer Pflegefamilie auf dem Land, bei der er aufwuchs. Der Kindsvater heiratete bald darauf eine andere Frau. Maria Montessori besuchte den Sohn häufig und nahm ihn, als die Pflegemutter starb, 14-jährig zu sich. Zeitlebens gab sie ihn jedoch als ihren Neffen aus. Erst kurz vor ihrem Tod im Jahr 1952 bekannte sie sich öffentlich zu ihm.

Dass Montessori auch eine dunkle Seite hat, wurde jahrzehntelang verdrängt und wird erst jetzt wieder erörtert. So setzte sie sich nicht nur in der Zeit des europäischen Nationalsozialismus auch mit Eugenik, Rassentheorie und Optimierungsstreben auseinander und verfolgte den Gedanken eines »Ministeriums der Rasse«.[2]

Der später berühmt gewordene dänische Familientherapeut Jesper Juul fuhr zunächst als Jungkoch zur See, wurde dann Erd- und Betonarbeiter und verdingte sich als Barkeeper, bevor er seine Ausbildung zum Lehrer und Sozialpädagogen begann. In den 1970er-Jahren entwickelte er – auch durch seine Arbeit mit Gruppen alleinerziehender Mütter im Jugendzentrum von Aarhus – den pädagogischen Ansatz der »gleichwürdigen« Erziehung. Kinder, so der 1948 geborene Juul, sind vollwertige Menschen, die nicht erst – durch Anweisungen, Verbote und Strafen – geformt oder erzogen werden müssen. Für ihre Entwicklung, so Juul, brauchen sie lediglich die Gegenwart von Erwachsenen, die sich menschlich und sozial verhalten.

»Jede Methode ist nicht nur überflüssig, sondern kontraproduktiv, weil sie die Kinder für ihre Nächsten zu Objekten macht«, schreibt Juul in *Dein kompetentes Kind.* Juuls Grundgedanke ist nicht der einer Gleichheit, sondern der einer gleichen Würde, einem »dynamischen Prozess, eine veränderliche Kategorie, um die man sich in jeder Beziehung stets aufs Neue bemühen muss«.[3]

Bei der Erziehung von Kindern geht es also vielleicht weniger darum zu erziehen, als eine Beziehung zu pflegen. *Be*ziehung statt *Er*ziehung. Um ein gemeinsames Wachsen. Denn nicht nur Kinder wachsen, auch die Erwachsenen wachsen. Und alle befinden sich in einem gemeinsamen, überaus lebendigen Prozess.

Auch wenn die Hauptverantwortung bei den Eltern liegt, so ist die Erziehung eines Kindes – oder anders ausgedrückt die Unterstützung eines Kindes beim Wachsen – immer ein Gemeinschaftsprojekt. Und schließlich ist es die Gemeinschaft, die davon schlussendlich profitiert, dass sie gemeinschaftlich gesunde Kinder großgezogen hat, die wiederum die Gemeinschaft mit Ideen und ihrer Kraft unterstützen und wachsen lassen. Wachstum ist nie etwas Einseitiges, sondern immer etwas Gemeinsames.

Auch die Frage, *wie* ich mein Kind erziehe, ist keine rein private Angelegenheit. Die Gesellschaft ist sich über eine ganze Reihe Dinge zum Wohl der Kinder einig. Es gibt Gesetze, die bis in Familien hineinreichen. Gesetze wie die seit 1919 bestehende Schulpflicht, die Kinder zum Besuch einer Schule verpflichtet. Es gibt Gesetze, die Kinder schützen und die greifen, wenn das Kindeswohl gefährdet ist, wenn also Eltern verantwortlich sind für mangelhafte Ernährung, Bekleidung und Hygiene, aber auch bei erheblichen Schulfehlzeiten, Nichtwahrnehmung von Arztterminen oder einem deutlichen Entwicklungsrückstand des Kindes. Und seit Januar 2001 steht jedem Kind auch gesetzlich eine gewaltfreie Erziehung zu. So lautet der Paragraf 1631 des Bürgerlichen Gesetzbuches: »Körperliche Bestrafungen, seelische Verletzungen und andere entwürdigende Erziehungsmaßnahmen sind unzulässig.«

Vielleicht sollten Soloerziehende diese Gemeinschaftlichkeit noch selbstbewusster einfordern. So erzählte mir ein alleinerziehender Vater, es hätte sein Leben sehr viel einfacher gemacht, wenn die Schule transparenter mit ihren Aufgaben und Anforderungen umgegangen wäre. Damit man insbesondere als Alleinerziehender die Zeit, die man hat, um die Kinder bei den schulischen Herausforderungen zu unterstützen, nicht damit verbringt, herauszufinden, was geleistet werden muss, sondern gleich einsteigen kann. Tatsächlich aber gehen viele Schulen scheinbar immer noch davon aus, dass am Nachmittag zu Hause ein Elternteil sitzt, das die Kinder bei der Erledigung der Schulaufgaben und Vorbereitung für Prüfungen und Arbeiten unterstützt. Ein Bild, das sich nicht mehr aufrechterhalten lässt in einer Gesellschaft, in der nicht nur auch Frauen arbeiten gehen, sondern in der Alleinerziehende leben und viele Menschen, die in anderen Ländern groß geworden sind und das deutsche Schulsystem in ihrer Kindheit und Jugend nicht kennengelernt haben.

Ein Fragenkomplex beschäftigt mich in diesem Zusammenhang aber noch weiter. Was machte der Zustand, Mutter zu sein, aus mir? Was für eine Frau war ich durch die Geburt geworden? Was bedeutet Mutterschaft? In welcher Beziehung stehen Mutterschaft und Weiblichkeit? Und inwiefern spielt das Alleinerziehen dabei eine Rolle?

KAPITEL 8

Mutter werden. Mutter sein

Als Elif Shafak schwanger wurde und die Geburt bevorstand, mieteten sie und ihr Mann ein »hübsches ruhig gelegenes Haus auf den Inseln, wo ich in Ruhe das Baby versorgen und schreiben konnte«. So jedenfalls der Plan. Doch nachdem ihre Tochter Zelda im September 2006 in Istanbul zur Welt gekommen war, gelang der türkischen Schriftstellerin weder das eine noch das andere. Sie hatte nicht genug Milch für das Baby und kauerte, wenn sie am Schreibtisch saß, jedes Mal vor einem leeren Blatt Papier. Beklommen starrte sie vor sich hin. Eine Schreibblockade. Ob sie jemals wieder würde schreiben können? »Wir denken, wir können mal eben ein Kind zur Welt bringen und am nächsten Tag einfach mit unserem Leben weitermachen«, formulierte sie in ihrem ersten autobiografischen Werk *Als Mutter bin ich nicht genug.* Doch Mutter zu sein »(…) veränderte alles, es veränderte *mich*«.[1]

Es gibt vielfältige Formen der Mutterschaft: Mütter, die ihre Kinder im Mutterleib verloren haben, deren Kinder zu früh auf die Welt kamen und verstarben, oder Mütter von Kindern, welche mit solch gravierenden Einschränkungen auf die Welt kommen, dass sie nicht oder nur eine kurze Zeit überlebensfähig sind. Mütter von

Kindern, die sie nach der Geburt weggegeben haben oder weggeben mussten. Mütter, die mithilfe einer Samenspende schwanger werden. Und Mütter, die ein Kind adoptiert haben. Sie alle sind Mütter.

Muttertät

Die Mutterwerdung beginnt schon vor der Geburt. Eines Tages fuhr ich mit dem Fahrrad zur Arbeit und konnte riechen, dass die Schaufensterscheiben des Ladens auf meinem Weg eben geputzt worden waren, obwohl sich niemand in der Nähe befand. Mutter werden – der Zustand ist ein bisschen so, als habe man sehr lange meditiert. Die Aufmerksamkeit ist extrem hoch. Überall glaubt der Körper, Gefahren entdecken zu müssen. Das Gehör ist geschärft, die Sinne arbeiten unter Hochdruck. Manchen werdenden Müttern ist monatelang schlecht, andere bekommen Wasser in den Beinen, das Zahnfleisch blutet ständig, und die Gelüste nach absurder Nahrung zu absurden Zeiten treiben manch werdenden Vater des Nachts vor die Türe auf der Suche nach dem, was die werdende Mutter gerade *unbedingt* essen muss. Bei mir waren es Radieschen. Ein Bund pro Tag *musste* verspeist werden, es machte mich nervös, wenn ich keine mehr im Haus hatte. Doch während diese Absonderlichkeiten als begleitende Schwangerschaftssymptome verstanden werden, die nach der Geburt wieder verschwinden, ist es nur der Anfang eines Prozesses.

Es ist eine erst in den vergangenen Jahren in den Fokus gerückte Verwandlung, über die die Wissenschaft noch erstaunlich wenig weiß. Mutter zu werden, ist ein manchmal schmerzhafter, sich über Jahre hinziehender Prozess. Doch was er wirklich mit der werdenden Mutter macht, welche Entwicklungen biologischer, medizinischer, sozialer und vor allem mentaler Art durch ihn in Gang gesetzt werden, wird gerade erst erforscht. Auch wenn der Prozess, zurückgehend auf die amerikanische Anthropologin Dana Raphael, selbst Mutter dreier Kinder, schon seit 1975 einen Begriff hat: Matrescence oder Muttertät. Anlehnend an die Adoleszenz oder Pubertät, die die Phase zwischen Kindheit und Erwachsensein bezeichnet, lenkt die Matrescence das Augenmerk auf die Zeit des Mutterwerdens.

Eine Mutter zu werden, bedeutet, zu wachsen und eine neue Identität anzunehmen. Es ist, laut dem amerikanischen Entwicklungspsychologen Daniel Stern, »eine der bedeutendsten physischen und psychischen Veränderungen, die eine Frau jemals erleben wird«.[2] Eine Mutter zu werden, ist zugleich ein höchst intimer Vorgang und ein öffentlicher Akt. Mutter zu werden, verschiebt die eigene Wahrnehmung und die von außen. Dabei spielen Hormone und die Veränderung des Gehirns ebenso eine Rolle wie Traditionen und familiäre Konstellationen. Denn immerhin entsteht durch die Ankunft des ersten Kindes eine neue Familie. Gesellschaftliche Vorstellungen darüber, was eine gute Mutter ausmacht, wirken auf die Frau dabei ebenso ein wie politische und ideologische Konstrukte, die Erwartungen an die Mutter schüren.

Dieser Prozess ist – ähnlich wie die Pubertät – mit vielen Unsicherheiten und Fragen verbunden. Fragen und Unsicherheiten, die von der Gesellschaft noch gar nicht genug in den Fokus genommen werden. Denn es gibt unzählige Bücher, Studien und Auseinandersetzungen darüber, was mit dem Körper einer Frau während der Schwangerschaft geschieht, über das Stillen und darüber, wie man einen Säugling versorgt, aber nur wenig darüber, was mit der Psyche der Mutter und ihrer Rolle in der Gesellschaft *nach* der Geburt geschieht. Erst im Jahr 2021 konnte beispielsweise eine Gruppe von Wissenschaftler:innen um die Neurowissenschaftlerin Magdalena Martínez-García nachweisen, dass die durch die Schwangerschaft stattgefundenen Veränderungen im Gehirn – die sie auf die neue

Verbindung zu dem Kind zurückführten – auch sechs Jahre später noch vorhanden waren. Möglicherweise sind sie permanent.[3]

Nicht selten ist die Mutterwerdung höchst dramatisch. »Sie kann nicht mehr ›Ich‹ sagen, weil sie das Gefühl hat, dieses ›Ich‹ – sich selbst – verloren zu haben. So viele Gewissheiten, von denen sie eigentlich überzeugt war, als Frau, als Wissenschaftlerin, als Feministin … die scheinen mit der Geburt des Kindes nicht mehr gültig zu sein. … Dieses ›Ich‹ ist ganz brüchig«, sagt die Autorin und Professorin für Kulturgeschichte der Lüneburger Leuphana Universität Christina Wessely im Gespräch mit NDR-Kultur. In ihrem Buch *Liebesmühe* erzählt sie die Geschichte einer Mutter, die nach der Geburt ihres Sohnes, eines Wunschkindes, merkt, dass sie dieses Kind nicht so richtig lieben kann. Die von der Gesellschaft als »natürlich« postulierte Mutterliebe bleibt aus. Sie hat das Gefühl, sich selbst verloren zu haben. Und entwickelt in der Folge eine postpartale Depression. Es ist ihre eigene Geschichte.[4]

Einer Schätzung zufolge haben fast 25 Prozent der Mütter nach der Geburt mit psychischen Problemen zu kämpfen, mit Wochenbettsyndromen, Psychosen, Angststörungen oder Depressionen. Und nicht selten begehen Mütter Suizid. Auch, weil sie sich alleingelassen in dieser Situation fühlen und weil es keine gesellschaftliche Aufmerksamkeit und kein gemeinsames Wissen gibt über die Prozesse der Mutterwerdung. »Auf diese Erschütterung war sie nicht vorbereitet«, sagt Christine Wessely.

Die gute Mutter

Kaum eine Beziehung ist in der Geschichte und bis heute so überfrachtet und auch ausgenutzt worden wie die Beziehung zwischen Mutter und Kind. Als es Anfang der 1960er-Jahre möglich wurde, die Fortpflanzung zu kontrollieren, veränderte sich die Stellung der Mutter, die sich für ein Kind entschied. Kinder zu bekommen, wurde nicht mehr als vorgegebener Weg einer jeden Frau verstanden. Dadurch entstand die Idee von der guten Mutter, die sich vollständig für ihr Kind aufzuopfern hatte, oder, wie die französische Philosophin Elisabeth Badinter, selbst Mutter von drei Kindern, in *Der Konflikt* schreibt, entwickelten sich nun für Mütter höhere Pflichten »gegenüber dem Kind, für das sich die Frau *entschieden* hatte«.[5]

Mutter zu werden, kann man sich weder wirklich abschauen noch aus Büchern lernen – wenn es auch deutlich helfen würde, wenn man wüsste, was da auf einen zukommt. Es ist ein Prozess, den jede einzelne Frau mit jedem einzelnen Kind durchlaufen muss. Denn jede einzelne Frau hat eine unterschiedliche Vorstellung davon, was es heißt, eine gute Mutter zu sein. Manche Mütter pflegen eine sehr enge Beziehung zu ihrem Kind, andere gehen auch weiterhin ihrem Job nach, der sie manchmal auch wochenlang durch Auslandsreisen von ihren Kindern trennt. Manche Mütter sind sehr streng, andere verstehen sich mehr als Begleiterin ihrer Kinder. Mutter zu sein, ist immer individuell. Jede einzelne Mutter-Kind-Beziehung ist einzigartig. Und jedes Kind braucht eine andere Mutter. Manches eine mehr ermunternde, ein anderes eine Mutter, mit der es sich intensiv auseinandersetzen kann.

Aus dieser allerersten Beziehung eines Kindes mit seiner Mutter leitet sich wahrscheinlich die Vorstellung ab, die Mutter sei die am besten geeignete Person, sich um das Kind, die Kinder zu kümmern. Um sich also mit jenen drei zentralen Aufgaben zu befassen, die jedes Kind, jeder Mensch, zum Wachsen braucht: die Versorgung der Grundbedürfnisse, die Pflege und die Sicherheit. Und die, wie auch die bindungsorientierte Erziehung lehrt, nicht einem starren Konzept folgend, sondern in einem engen Austausch zwischen Mutter und Kind stattfinden. Je kleiner das Kind ist, desto intensiver und verbundener. Kinder brauchen konstanten Zuspruch, Aufmerksamkeit und Wertschätzung, um sich erfahren und entwickeln zu können. Und sicher erklärt diese allererste Bindung, warum Mütter ihre Kinder im Gegensatz zu Vätern nur äußerst selten verlassen und warum die Mehrzahl der Kinder nach einer Trennung bei ihren Müttern lebt und aufwächst.

Ich selbst hatte mir vor der Geburt meiner Kinder wenig Gedanken darüber gemacht, was das mit *mir* machen würde. Wie viele Frauen war ich irgendwie der Meinung, dass das Kind und später die Kinder nur ein Zusatz in meinem Leben sein würden. Wie ein neues Hobby, das man verfolgt. *Ab morgen jogge ich einmal in der Woche.* Und vielleicht will man diese Veränderung am Anfang auch gar nicht wahrhaben. Sträubt sich mit Händen und Füßen dagegen. Will nicht so viel des alten Ichs – wenn vielleicht auch nur für eine gewisse Zeit – aufgeben müssen. Will einfach weitermachen. Die Erkenntnis, dass alles sich geändert hat, durch die Umstände ändern muss, macht sich nur langsam breit. Man muss sich auf sie einlassen, einlassen können.

Als ich an einem Dezembermorgen nach drei Tagen Geburt endlich meine gesunde Tochter in den Armen halten konnte, war ich glücklich – aber auch bestürzt. Nichts und niemand hatte mich auf diese Tage vorbereitet. Auf die Trauben von Ärzten und Schwestern und Hebammen, die in einem seltsamen Rhythmus in das jeweilige Zimmer, in dem ich mich befand, hereinschwirrten und wieder hinaus. Niemand hatte mir von den Händen erzählt, die wie selbstverständlich in mir verschwanden, um nach dem sich öffnenden Muttermund zu schauen und das Köpfchen zu tasten. Ich hatte nicht gewusst, dass eine Periduralanästhesie, PDA, verabreicht mit einer unangenehm großen Nadel direkt ins Rückenmark, auch wirkungslos sein kann und dass einem fortwährend übel ist während der Geburt und dass aller Kampf, alle Versuche und aller Wehenschmerz am Ende manchmal doch nicht reichen, um das Kind auf natürlichem Wege zur Welt zu bringen. Ich hatte nicht gewusst, dass ein Notfallkaiserschnitt innerhalb von kürzester Zeit angeordnet und durchgeführt werden kann. Dass man buchstäblich vom Kreißsaal in den OP rennt. Und auch im Nachhinein fand sich niemand in dem Krankenhaus, mit dem ich über diese Stunden professionell hätte reden können.

Ich haderte mit mir in den Wochen nach der Geburt. Ich fühlte mich zutiefst derangiert. Auch das erste Jahr mit meiner Tochter ist mir schwergefallen. Es fühlte sich fremd an. Und es war auch nicht so, dass ich mich über alle Umstellungen unbedingt freute. Darüber, nicht mehr einfach auf eine Party gehen zu können. Jedes Mal, wenn ich das Haus verließ, eine riesige Tasche mit unzähligen Utensilien packen zu müssen. Nicht mehr in Ruhe einfach ein Buch lesen oder telefonieren zu können. Nicht mehr vollständig über meinen eigenen Körper bestimmen zu können. Denn nun war da ein Kind, das ständige Nähe brauchte. Das gewickelt und gestillt werden musste. Die Idee, ein Festival oder gar nur ein Konzert zu besuchen, geradezu absurd. Es hat Jahre gedauert, bis ich mich in meinem neuen Ich wiedergefunden habe. Bis ich wirklich annehmen konnte, dass fast alles in meinem Leben anders war als zuvor. Und vielleicht war die Trennung von meinem Mann der erste Schritt, zu mir selbst zurückzufinden, zu meinem neuen Selbst zu finden. Weil ich die Mutterschaft akzeptieren konnte und nicht mehr mit dem Vater meiner Kinder darüber diskutieren musste, dass es so war. Dass es eigentlich für ihn auch so gewesen wäre. Vielleicht war dies der Kern des Bruchs zwischen uns: dass ich mich auf eine neue Situation einstellte und auch gezwungenermaßen einstellen musste, zugleich aber das Gefühl hatte, dass er da nicht mitzog.

Ob es eine Art *Paterität* – eine Vaterwerdung – auch gibt? Zweifellos. Wie würde die aussehen? Wahrscheinlich nicht so, wie es manchmal der Fall ist, wenn Männer sich durch die Ankunft von Kindern so gehen lassen, dass sie von ihren eigenen Partnerinnen als ein »weiteres Kind« wahrgenommen werden. »Er unterstützte mich nicht im Haushalt, forderte enorm viel Aufmerksamkeit und fühlte sich an wie eine schwere Bleikugel an meinem Fußgelenk«, schrieb die alleinerziehende Schriftstellerin Mirna Funk nach der Trennung von ihrem Mann.[6]

Mehr noch: Als Mutter muss man nicht nur seine eigene neue Rolle finden. Studien kommen immer wieder zu dem Ergebnis, dass sich die Hausarbeit nach der Geburt des ersten Kindes fast immer zur Mutter hin verlagert und Väter – auch wenn beide sich vor der Ankunft des Kindes die Aufgaben geteilt hatten – seltener Aufgaben im Haushalt wahrnehmen. »Durch Elternschaft verfestigen sich oft Rollenbilder, die vor der Familiengründung im wahrsten Sinne des Wortes keine Rolle gespielt haben. Väter möchten mehr Geld verdienen, Frauen überdenken ihre beruflichen Ziele. Gesellschaftlicher Druck, Strukturen und Klischees verstärken diese individuellen Tendenzen und Verhaltensweisen, die sich auch nach Jahren noch in Erwerbsquoten und Karrierewegen niederschlagen«, schlussfolgert Malte Martensen, Professor für Personal und Organisation, aus einer Studie zur Vereinbarkeit von Familie und Beruf, die seine Hochschule, die IU Internationale Hochschule, durchgeführt hat.[7]

Und Elisabeth Badinter kommt in *Der Konflikt* zu dem Schluss: »Bis heute hat sich keine Form der Familienpolitik als besonders wirksam im Hinblick auf die Gleichheit von Männern und Frauen erwiesen. In allen Ländern, auch in den skandinavischen, wird die Arbeit zwischen Partnern immer noch ungleich aufgeteilt.«[8]

Ich hatte das Gefühl, mich neu kennenlernen zu müssen. Die Verantwortung für das kleine Wesen, das vollständig von mir abhängig war, schnürte mir den Hals zu, verängstigte mich. Nachts wachte ich panisch auf und dachte, ich hätte vergessen, mein Kind zu füttern. Was gänzlich unmöglich gewesen wäre, denn es machte sich lautstark bemerkbar, nicht nur, wenn es Hunger hatte, sondern sobald ihm etwas nicht passte.

Die ersten Monate mit einem Baby, die ersten Jahre sind eine konstante Herausforderung. Doch wenn man gelernt hat, die Situation anzunehmen, und wenn alle Prozesse im Körper die Phase der Maternität, der Mutterwerdung, durchlaufen haben, dann kann es eine durchaus bestärkende Erfahrung sein. Man wächst mit der Aufgabe, Mutter zu sein. Viele Frauen gelangen zu einem neuen Selbstbewusstsein, zu Stolz über die getragene Verantwortung. Die Geburt ihres ersten Kindes habe sie ihrem wahren Selbst näher gebracht, schreibt die britische Autorin Lucy Jones, die sich in ihrem Buch *Matrescence* als eine der Ersten intensiv mit dem Thema Mutterwerdung auseinandersetzt.[9]

Die amerikanische Literaturnobelpreisträgerin Toni Morrison empfand die Ankunft ihrer Kinder gar als entlastend. Wenige Monate vor der Geburt des zweiten Kindes hatten sie und ihr Mann sich scheiden lassen. Fortan war sie alleinerziehende Mutter von zwei Söhnen. Mutter zu sein, sei befreiend, sagte sie in einem Interview, »weil die Anforderungen, die Kinder stellen, nicht die Anforderungen eines normalen ›Anderen‹ sind«. Kinder interessieren sich – zumindest bevor sie Teenager sind – nicht dafür, was man anhat oder ob man sinnlich ist. Die Mutter als Person sei gefragt. »Wenn man auf sie (die Kinder) hört, ist man irgendwie in der Lage, sich von Ballast und Eitelkeit und allen möglichen Dingen zu befreien und ein besseres Selbst zu liefern, eines, das man mag.«[10]

Andere Mütter erzählen, wie Kinder zu haben vieles für sie relativiert habe. Wie sie beispielsweise Dinge in einem herausfordernden Job – Konkurrenz und Druck – nun leichter annehmen konnten.

Keine exklusive Verbindung

Die Erfahrung der Mutterschaft ist zunächst eine höchst individuelle. Sie hat nichts mit Ideologien, mit dem Fortbestand der Menschheit oder der Geburt eines Nachfolgers oder einer Nachfolgerin für ein Königreich, eine Firma oder eine Familie zu tun. Sie ist zuallererst die Geschichte zwischen einer Mutter und ihrem Kind. Das Kind wächst im Mutterleib heran, und neun Monate lang wachsen die beiden – oder, im Fall von Zwillingen, die drei – eng zusammen. Sie bilden eine intime Gemeinschaft, die sie mit keinem anderen teilen.

Und auch nach der Geburt ist die Verbindung zwischen Mutter und Kind zuallererst eine intime, eine, die nur zwischen den beiden stattfindet. Erst langsam übernehmen andere darin einen Part. Der Vater, die Hebamme, vielleicht Großeltern, die sich in den ersten Wochen unterstützend an der Seite der frischgebackenen Mutter einfinden. Aus der Einheit zwischen Mutter und Kind werden langsam größere Kreise, die im Laufe der Zeit immer mehr Menschen einschließen. Die Familie, die unmittelbare Umgebung – in der sich später die Kita, die Grundschule, die weiterführende Schule, der Sportverein, der Jugendtreff oder die Musikschule befinden – und in übergeordneter Form die Gesellschaft. Aus einer zutiefst intimen Beziehung wird eine zunehmend öffentliche.

Mit dem Älterwerden des Kindes wird auch deutlich, dass Mutterschaft von Anbeginn gesellschaftlichen Vorstellungen unterliegt. So wurde die Mutterliebe mit dem Entstehen des Bürgertums im 19. Jahrhundert nicht nur dafür propagiert, die Kindersterblichkeit zu senken, sondern mit dem Entstehen der Nationalstaaten auch dafür, Bürgerinnen und Bürger zu gebären und großzuziehen, die für die Staaten wichtig waren. In jeder Gesellschaft gibt es Vorstellungen darüber, wie eine Mutter zu sein habe, und diese Vorstellungen können sich enorm auf das Wohlbefinden einer Mutter auswirken.

Denn auch wenn Kinder *tatsächlich* gemeinschaftlich großgezogen werden, schiebt die Gemeinschaft die Verantwortung gemeinschaftlich vor allem den Frauen zu. Gefühlt sind die Mütter großenteils alleine in der Verantwortung. Dies zeigt sich – in unzähligen Varianten – im Bild der guten Mutter, die alles für ihre Kinder opfert, die ihnen nahtlos zur Seite steht, als Unterstützerin und zur Ermunterung. In einem späteren Brief an ihre mittlerweile zwei Kinder schrieb Elif Shafak: »Der überromantisierte, überpolierte Mythos der Mutterschaft hilft niemandem. Wir brauchen ehrliche Gespräche darüber, was es bedeutet, eine Mutter zu sein (…).«[11] Elif Shafak kam in Straßburg zur Welt. Kurz nach ihrer Geburt trennten sich die Eltern, gemeinsam mit ihrer Mutter zog sie zurück nach Ankara, wo Shafak von ihrer Großmutter betreut wurde, während die Mutter studierte. Später wurde Shafaks alleinerziehende Mutter Diplomatin, sie lebten unter anderem in Madrid und Amman.

Wie also schaut die Gesellschaft, die Frauen ohnehin schon mit kritischen Augen und vielen Erwartungen begleitet, unter dem Aspekt der Mutterwerdung auf Alleinerziehende? Haben sie ihren Anspruch verwirkt, gute Gesellschaftsmitglieder großzuziehen, weil den Kindern der Vater fehlt? Ist es nicht vielleicht sogar bezeichnend, dass in dem Begriff Alleinerziehende die *Mutter* fehlt? Das Erziehen eines Kindes kann auch von Menschen übernommen werden, die nicht die Mutter sind. Auch der synonym verwendete Begriff der Ein-Eltern-Familie findet keinen Platz für die Mutter. Vielleicht ist es ein erster Schritt der Selbstermächtigung, häufiger von Solomüttern zu sprechen. Denn nichts anderes sind Alleinerziehende: Frauen, die vorwiegend alleine die Verantwortung für ein Kind oder Kinder tragen. Um die Frage, was eine Frau, was eine Solomutter eigentlich ausmacht, soll es im folgenden Kapitel gehen.

KAPITEL 9

Sind Solomütter anders weiblich?

Es ist eine seit Jahrzehnten, vielleicht seit Jahrhunderten gestellte und – abgesehen von den primären Geschlechtsmerkmalen – bis heute nicht beantwortete Frage: Was ist weiblich? Was ist eine Frau? Ist eine Frau, die eine Karriere verfolgt, eine männliche Frau, die ihre feminine Seite unterdrücken muss? Ist es tatsächlich so, dass typische weibliche Attribute Zurückhaltung, Demut, Emotionalität, Passivität und Eleganz sind, während Männer forsch, dominant, rational, aktiv und stark sind? Sind das alles Klischees? Oder sind es Gewohnheiten, die uns in der Pubertät antrainiert werden? Und: Was macht das aus mir, der alleinerziehenden Frau? Eine Frau, die nicht nur kocht und putzt, sondern auch Fahrräder repariert und die Steuererklärung allein macht. Bin ich dadurch, dass ich mich getrennt habe von einem Mann und vermeintlich männliche Aufgaben übernehmen muss, weniger Frau? Ist das das Gefühl, das mich überkam, als mich meine Bekannte als Lkw-Fahrer bezeichnete? Fühlte ich mich als von meiner Weiblichkeit entledigte Frau? Oder bin ich überhaupt nur eine Frau, wenn ich einen männlichen Partner, einen Mann an meiner Seite habe? Definiere ich mich als Frau allein durch ihn?

Sex oder Gender?

Die 1908 in Paris geborene Philosophin und Schriftstellerin Simone de Beauvoir hielt 1949 in *Das andere Geschlecht*, ihrem umfassenden Werk über die Stellung der Frau in der Gesellschaft, fest: »Man kommt nicht als Frau zur Welt, man wird es.« Und führte aus: »Keine biologische, psychische oder ökonomische Bestimmung legt die Gestalt fest, die der weibliche Mensch in der Gesellschaft annimmt.«[1] Bis zur Pubertät wüchsen Jungen und Mädchen gleich auf. Mit dem Einsetzen der Geschlechtlichkeit aber würde sich für Mädchen etwas ändern. »Das junge Mädchen soll sich nicht nur hübsch machen und herausputzen, es soll auch seine Spontaneität unterdrücken und, wie die Älteren es lehren, sie durch Anmut und gekonnten Charme ersetzen. Jede Selbstbehauptung mindert seine Weiblichkeit und die Erfolgsaussichten seiner Verführungskunst.« Weiblich zu sein, so Beauvoir, heiße »sich unfähig, oberflächlich, passiv und fügsam zu geben«.[2]

Simone de Beauvoir selbst war eine unabhängige Frau. Ihre Familie verlor – infolge des Ersten Weltkriegs und der russischen Oktoberrevolution von 1917 – ihre finanzielle Unabhängigkeit und besonders die Aussicht auf eine Mitgift für die beiden Töchter, eine essenzielle Voraussetzung für eine gute Eheschließung. In der Folge bereitete der Vater die Töchter darauf vor, dass sie unverheiratet bleiben und sich selbst würden versorgen müssen, und ließ ihnen eine gute Ausbildung angedeihen. Was ihn selbst sehr betrübte. Schon in jungen Jahren stellte sich heraus, dass Simone in der Schule sehr begabt war. Ihr Vater erklärte: »Simone denkt wie ein Mann!«[3] Und ihre Mutter sah sich dazu veranlasst, ihr den Anteil, der ihr eigentlich an der Hausarbeit zugefallen wäre, abzunehmen, damit sie Zeit zum Lernen hatte. Mit 13 Jahren weigerte sich Simone, weiterhin in die Messe zu gehen, und legte den katholischen Glauben ab. Später, an der Universität, lernte sie den Philosophen und Publizisten Jean-Paul Sartre kennen, die beiden verliebten sich ineinander und pflegten jahrzehntelang eine Beziehung, die von einer anfänglich auch körperlichen Leidenschaft zu einer Arbeitsbeziehung gedieh. Sartre und sie heirateten nie. Beide hatten viele Affären. Jahrzehntelang führte Simone de Beauvoir zusätzlich eine leidenschaftliche Beziehung zu dem amerikanischen Schriftsteller Nelson Algren, der in Chicago lebte. Sie bekam keine Kinder. Kurz vor ihrem Tod adoptierte sie die Philosophielehrerin und Freundin Sylvie le Bon.

»Nicht jeder weibliche Mensch ist also zwangsläufig eine Frau, er muss an jener geheimnisvollen, bedrohten Realität, der Weiblichkeit teilhaben«, schreibt Simone de Beauvoir in *Das andere Geschlecht* und zitiert den griechischen Gelehrten Aristoteles, der vor 2000 Jahren sagte: »Das Weib ist Weib dadurch, dass ihm bestimmte Eigenschaften *fehlen*.«[4] Während der Mann also die Norm ist, wird eine Frau dadurch definiert, dass sie davon abweicht. Und: Sie *ist* nicht einfach, sie muss es werden.

Am Ende des Zweiten Weltkriegs waren in den USA 37 Prozent aller Frauen werktätig. Ihre Männer und Söhne waren in den Krieg gegangen. Die Feministinnen der ersten Generation hatten in den 20er- und 30er-Jahren des 20. Jahrhunderts Frauen nicht nur Wege in die Universitäten und in Jobs eröffnet, sondern 1920 auch das Wahlrecht für Frauen erwirkt. Jetzt fehlten dem Feminismus weitere Ziele, die ehemaligen Kämpferinnen gingen anderen Dingen nach. Doch am Ende des Krieges kehrten die Männer zurück und wollten ihre Jobs wiederhaben. Und Männer wie Frauen suchten – nach den Schrecken des Krieges, an dessen Ende eine Atombombe gezündet worden war – Trost in der Häuslichkeit. In der Folge blieben mehr Frauen zu Hause, immer weniger strebten eine höhere Bildung an. Bis Mitte der 1950er-Jahre hatten 60 Prozent aller Mädchen das College abgebrochen, um zu heiraten. Ihnen wurde von der Gesellschaft, der Werbebranche und unzähligen Sendungen und Magazinen vermittelt, ihr höchstes Ziel als Frau sei es, sich möglichst jung einen Mann zu angeln und viele Kinder zu bekommen. Ende der 50er-Jahre lag die Geburtenrate Amerikas so hoch wie später nie wieder. Unzählige amerikanische Frauen schlugen den Weg der Hausfrau ein. Suchten Sinn in ihrer Hausarbeit, in der Betreuung der Kinderschar und des Mannes. Lernten, Brot zu backen und Haushaltsgeräte zu kaufen und zu bedienen. Es war eine Zeit des Konsums, neuer Geräte, Autos und Technologien. Die Frauen nähten die Kleidung für die gesamte Familie. Bereiteten Dinner für die Geschäftspartner des Mannes vor. Und präsentierten sich selbst zugleich als makellose Frau. Schlank, gepflegt, adrett. Als Simone de Beauvoirs *Das andere Geschlecht* in Amerika erschien, schrieb ein Kritiker, Beauvoir wisse offensichtlich nicht, worum es im Leben ginge, und außerdem spreche sie über französische Frauen. Das Frauenproblem in Amerika existiere nicht mehr.

War das ein Traum, der wahr geworden war? Frauen, die sich um nichts als das Haus, den Ehemann, die Kinder und um ihr Äußeres kümmern mussten? Die nicht in die vermeintlich raue Arbeitswelt hinaus und sich beweisen mussten? Die sich nicht politisch fortbilden und an Diskussionen beteiligen mussten? Aller Verantwortung außerhalb ihres Hauses enthoben? Mussten diese Frauen, die sich auf die vermeintliche Essenz ihres weiblichen Daseins konzentrieren konnten – schön sein und das Haus in Ordnung halten –, nicht unglaublich glücklich sein, da sie doch nun ungestört ausleben konnten, was sie vermeintlich definierte? Doch das Gegenteil war der Fall.

Diese Frauen waren massenweise zutiefst unglücklich. Viele wurden depressiv. Begannen zu trinken. Sie fühlten sich leer, unvollständig, so, als würden sie gar nicht existieren. Der amerikanische Schriftsteller Richard Yates beschrieb das Lebensgefühl jener Jahre in seinem Debütroman *Revolutionary Road* (dt. *Zeiten des Aufruhrs)* 1961, in dem er die Geschichte von April und Frank Wheeler im Sommer des Jahres 1955 erzählt. Die Wheelers leben ein konfektioniertes Leben. Unglücklich in der amerikanischen Vorstadt, bewohnen sie ein schönes Haus, haben zwei Kinder und sind mit den Nachbarn befreundet. Frank geht einem Job bei einer Firma nach, bei der schon sein Vater arbeitete. Einem Job, der ihn nicht erfüllt, dessen Sinn sich ihm nicht erschließt. Sie planen, nach Paris zu ziehen und ein neues Leben zu beginnen. Frank will studieren und herausfinden, was er mit seinem Leben anfangen will, April stellt sich vor, sie könne als Sekretärin arbeiten und damit die Familie finanziell tragen. Der britische Regisseur Sam Mendes verfilmte den Stoff unter dem gleichnamigen Titel 2008 mit Leonardo diCaprio und Kate Winslet in den Hauptrollen. »Wir entfliehen der hoffnungslosen Leere dieses Lebens hier«, erklärt Frank bei einem Spaziergang ihrem Gast, dem Sohn einer befreundeten Immobilienmaklerin. »Die Hoffnungslosigkeit zu sehen, erfordert Mut«, entgegnet dieser.

Auf diese Hoffnungslosigkeit stieß die amerikanische Psychologin und Publizistin Betty Friedan 1957, als sie sich, als Mutter von drei Kindern, fragte, ob ihr eigenes Sich-halb-schuldig-Fühlen nur daran lag, dass sie wieder arbeiten ging. Oder ob es da noch etwas anderes gab. »Allmählich, ohne dass ich es lange Zeit klar gesehen hätte, wurde mir klar, dass mit der Art und Weise, wie amerikanische Frauen heute versuchen, ihr Leben zu leben, etwas ganz und gar nicht stimmt«[5], schrieb sie in *The Feminine Mystique* (dt. *Der Weiblichkeitswahn oder Die Selbstbefreiung der Frau),* in dem sie ihre Ergebnisse 1963 – in Deutschland 1966 – veröffentlichte und damit eine der Begründerinnen der zweiten feministischen Welle wurde. Mit einem Fragebogen hatte sie 200 ehemalige Mitstudierende, mit denen sie 15 Jahre zuvor gemeinsam das College abgeschlossen hatte, nach ihrem Befinden gefragt. »Es gab eine merkwürdige Diskrepanz zwischen der Realität unseres Lebens als Frauen und dem Bild, dem wir zu entsprechen versuchten, dem Bild, das ich später die weibliche Mystik nannte.«[6]

In der Folge stürzte sie sich in eine jahrelange Recherche, an deren Ende sie 80 Frauen intensiv interviewte, in Gesprächen, die von zwei Stunden bis zu zwei Tagen dauerten. Mit ihrer Arbeit konnte Friedan nachweisen, dass Frauen von der Hausarbeit, ihrer Ehe, ihrem Sexualleben und der Erziehung ihrer Kinder nicht erfüllt waren und dass sie dem Bild der Frau, die nicht arbeitete, sich nicht weiterbildete und keine politische Meinung hatte, nicht entsprechen wollten. Dass sie sich fremd fühlten, wie in einer Rolle, und dass es ihnen schwerfiel, darüber überhaupt zu sprechen. Sie selbst fehlten in dem schönen Vorstadtleben. Ihre Persönlichkeit, ihre Unterschiedlichkeit. Ihre Interessen, die über das Nähen und Bügeln der Kleidung hinausgingen und darüber, den perfekten Braten zuzubereiten.

Ist Ordnung weiblich?

Ehemalige Nachbarn von uns, die vor einigen Jahren ein Stückchen weggezogen sind, da sie drei Kinder bekommen hatten und ihre Wohnung hier im Haus für fünf Personen viel zu klein geworden war, erzählen noch heute staunend von dem für sie unwirklichen Chaos, das sie manchmal bei uns vorfanden, als meine Kinder noch klein waren. Die Spur der Spielzeuge glich einer Spur der Verwüstung. Spielzeugteile bedeckten die gesamte Wohnung, man musste bei jedem Schritt genau aufpassen, dass man nicht auf einen Bauklotz, einen Lego-Duplo-Stein, ein Auto oder ein Kuscheltier trat. Was auch damit zusammenhängen könnte, dass unsere Wohnung klein ist und sich schnell in ein komplettes Kinderzimmer verwandeln lässt, aber für meine Nachbarn stellte sich die grundsätzliche Frage, ob man in so einem Chaos – zwar Abend für Abend aufgeräumt, jedoch am nächsten Tag wieder neu fabriziert – leben wollte.

Schon in meiner Kindheit hatte ich unendliche Auseinandersetzungen mit meinem Bruder darüber, wie ordentlich unsere gemeinsamen Zimmer sein sollten. Lange Zeit lebten wir zusammen in zwei Zimmern. Auf dem Hof in Thüringen, wo wir ein großes Spiel- und ein kleines Schlafzimmer hatten, wie auch später in der Wohnung im Schwarzwald, wo wir uns zwei Zimmer teilten, und noch später, als wir wieder in einem Haus wohnten. Mein Bruder hatte einen extremen Ordnungssinn, während es für mich nicht so wichtig war, pingelig Ordnung zu halten. Später brachte ich Mitbewohnerinnen in Wohngemeinschaften verschiedener Art während des Studiums regelmäßig gegen mich auf, weil ich nicht so war, wie sie sich das vorgestellt hatten mit einer Frau als Mitbewohnerin. Ihrem Empfinden nach putzte ich viel zu wenig. Ich hielt das Badezimmer nicht blitzeblank. Ich störte mich nicht an dem Küchenfußboden, der nicht glänzte. Oder an den Wassertropfen, die nach dem Duschen die gläserne Duschwand bedeckten.

Heute glaube ich, dass mir mein ein wenig fehlender Putzsinn vor allem durch die ersten Jahre mit drei kleinen Kindern geholfen hat. Wäre ich in dieser Hinsicht perfektionistisch veranlagt gewesen, ich wäre an meinem eigenen Anspruch zerbrochen. Denn die drei Grundbausteine der ersten Jahre hießen: Kaffee, Duschen und Schlafen. Aufräumen und Ordnung halten kamen nicht an Platz eins. Und so hing die Wäsche manchmal einen Tag länger auf der Leine, bevor sie gefaltet in die Schränke wanderte.

In den vergangenen Jahren habe ich gelernt, dass es einem in mancher Hinsicht ein gutes Gefühl geben kann, wenn man eine Struktur hat. Da ich arbeiten gehe und meine Kinder in ihren Schulen seit einigen Jahren kein warmes Mittagessen erhalten, brauchen sie abends etwas Warmes im Bauch. Früher überlegte ich meist auf dem Weg nach Hause, was es denn zum Essen geben könnte. Heute stelle ich am Wochenende einen Plan auf. Das entlastet mich gedanklich. Und auch einen Putztag zu haben, entlastet. Weil man dann eigentlich eine ganze Woche nicht mehr drüber nachdenken muss. Was natürlich nicht ganz stimmt. Denn ständig passiert irgendetwas Unvorhergesehenes, manchmal hat man keine Lust auf das vorgesehene Essen oder doch noch einen späten Termin. Manchmal sieht die Wohnung schon nach wenigen Stunden wieder so aus, als müsste dringend *mal wieder* geputzt werden. Aber ein Gerüst kann helfen.

Es geht dabei nicht um die Frage nach grundsätzlicher Hygiene. Es geht nicht darum, dass man putzen muss, abwaschen, Wäsche waschen, die Böden schrubben, sich den Fenstern und Türen widmen. Sondern um die Frage, ob man eine entspannte Beziehung zur Ordnung hat oder ob es ein angespanntes Verhältnis ist. Und um die Frage, wie viel Toleranz ich für ein bisschen Chaos in meinem Leben habe. Was auch bedeutet, dass ich ein wenig Kontrolle abgebe, wenn ich es zulasse. Wenn ich sehr ordentliche Menschen danach frage, warum bei ihnen alles immer so perfekt aufgeräumt ist, dann antworten die wenigsten – auch wenn es die tatsächlich gibt –, dass sie das für ihr eigenes Wohlbefinden tun. Sondern aus dem Gefühl heraus, es müsse jederzeit jemand vorbeikommen können. Oder weil sie das Gefühl haben, dass das so erwartet wird. Das Niveau unserer allgemeinen häuslichen Ordnung ist so hoch, dass alles davon ein wenig Abweichende auffällt. Menschen, die man besucht, entschuldigen sich, wenn ein paar Klamotten oder Papiere herumliegen. Schuhe nicht ordentlich im Schuhregal stehen. Oder die Wäsche doch tatsächlich noch in einem Wäschekorb herumliegt und nicht im Schrank.

Lange habe ich eine Schulfreundin für ihre Fähigkeit bewundert, die Wohnung ihrer Familie und später ihre eigene Wohnung in rasantester Zeit aufräumen und putzen zu können. Nicht selten kochte sie für die Familie nach der Schule oder ging auf dem Weg nach Hause einkaufen. Bis ich sah, mit welchem Widerwillen sie das alles tat. Ordnung und Sauberkeit herzustellen oder zu kochen, war für sie nicht mit Freude verbunden. Es war ein Zwang. Erst viel später ahnte ich, dass es ihre Eltern waren, die von ihr, der ältesten Tochter, erwartet hatten, dass sie sich um diese Dinge kümmerte. Und bis heute ist es in unzähligen Familien so, dass Mädchen, wenn sie in die Pubertät kommen, von ihren Eltern dazu angehalten werden, sich um die Ordnung im Haus zu kümmern.

Auch meine Mutter war eine Frau, der Ordnung wichtig war, während mein Vater, außer dem gelegentlichen Kochen und Abwaschen, kaum etwas für den Haushalt tat. Freitag für Freitag stellte sie das Haus auf den Kopf, räumte und putzte, bis alles wieder glänzte, sauber war und seine Ordnung hatte. Obwohl meine Eltern beide berufstätig und im Osten Deutschlands groß geworden waren und dort einen großen Teil ihres Lebens verbracht hatten, lebten sie die klassische Rollenverteilung vor: meine Mutter, die für den Haushalt zuständig war, mein Vater, der missmutig das von meiner Mutter vorgekochte Essen warm machte, wenn mein Bruder und ich mittags von der Schule nach Hause kamen. Zumindest von dem Zeitpunkt an, an dem er sich selbstständig gemacht hatte und sein Büro in unserem Haus hatte. Als ich nach dem Abitur ein paar Monate lang bei meinem Vater lebte, da ich ein Praktikum in seinem nach der Wende neu im Osten Deutschlands eröffneten Architekturbüro machte, erwartete er wie selbstverständlich von mir, dass ich diese Rolle in der Wohnung, die er unter der Woche bewohnte, übernehmen sollte. Was mich schockierte. Was mich empörte. Was mir schwerfiel, weil ich das nicht gelernt hatte. Und weil es meinem

Gerechtigkeitssinn widersprach. Jenem Gerechtigkeitssinn, in dem ich eigentlich groß geworden war. Als ich ihn fragte, warum ich das nun machen sollte, wich er aus. Murmelte etwas davon, dass ich ja helfen müsse, schließlich zahle ich keine Miete für mein Zimmer.

Meine Mutter räumte unser Haus freitags nicht auf, weil ihr das Spaß machte, sondern weil sie es als ihre Pflicht ansah. Eine Pflicht, von der sie mich, wie sie einmal sagte, eine Weile entbinden wollte. »Du wirst später in deinem Leben noch genug putzen und aufräumen müssen«, sagte sie mir einmal. Irgendwie ist dieser Satz hängen geblieben, kehre ich immer wieder zu ihm zurück. Denn er zeigte einerseits, dass sie es als gegeben ansah, dass Frauen für den Haushalt zuständig sind, andererseits schien etwas in ihr dagegen zu rebellieren, wollte sie mich, solange es eben ging, von dieser Aufgabe entbinden.

Unsere Eltern hatten sehr klare Vorstellungen davon, wie mein Bruder und ich zu sein hatten. Was wir zu erreichen hatten im Leben. Wonach wir streben sollten. Was für Freunde wir haben, wie wir wohnen und mit wem wir unser Leben teilen sollten. Sie hatten Vorstellungen darüber, welche Musik wir hören, welche Bücher wir lesen, welchen Diskussionen wir folgen sollten. Unsere Weiblichkeit und Männlichkeit aber, sie waren nie Thema. Obwohl meine Eltern für sich oft der traditionellen Arbeitsverteilung verhaftet waren, wurde von mir ebenso erwartet, die Reifen der Autos wechseln zu können, wie Holz zu hacken. Und mein Bruder wurde ebenso dazu angehalten, abzuwaschen. Erst, als ich während des Praktikums ein paar Monate bei meinem Vater lebte, wurde offensichtlich, dass mein Vater davon ausging, dass ich die Haushaltsaufgaben übernehmen würde. Dass es mir oblag, das Bad zu putzen, einzukaufen und zu kochen. Offensichtlich ging er davon aus, dass ich das auch ohne Übung frei beherrschen würde. Weil ich eine Frau war?

Weiblichkeit West, Weiblichkeit Ost?

Vielleicht liegt das Nichtverbalisieren der Frage nach der Männlichkeit und Weiblichkeit in unserer Familie doch daran, dass wir eine Zeit lang in der DDR gelebt haben. In einem Land, in dem Frauen genauso wie Männer nicht nur arbeiten gingen. Sondern auch vermeintlich männlichen Berufen nachgehen konnten, wie Ingenieur zu werden oder Baggerfahrer. Nie habe ich in der Schule gehört, Mathematik sei nichts für Mädchen, oder Mädchen müssten in diesem Fach besonders gefördert werden. Und auch wenn es in der Realität doch meist die Frauen waren, die sich um die Kinder kümmerten, wenn sie aus der Krippe oder dem Kindergarten abgeholt worden waren, und um den Haushalt, so gab es die grundsätzliche Vorstellung von Gleichheit, ein Ideal. »Gleichberechtigung auf jeden Fall«, erzählt die 18-jährige Oberschülerin Gudrun der Reporterin und Fotografin Maxie Wander in deren 1977 erschienenem Protokollbuch *Guten Morgen, du Schöne*. In ihm berichten 19 ostdeutsche Frauen der aus Wien stammenden und seit 1958 mit ihrem Mann in der DDR lebenden Wander von sich und ihren Gefühlen, ihrer Familie, Arbeit, ihren Männern, ihrer Vorstellung von Liebe und Sexualität. Über die Vorstellung ihres zukünftigen Mannes sagt Gudrun: »Das gibt es doch gar nicht mehr, dass die Frau wäscht und der Mann Fernsehen guckt. Unser Vati hat mehr gemacht als die Mutti.«[7] Wenn diese Beobachtung auch sicherlich nicht für die Mehrheit der Familienkonstellationen in der DDR steht, so waren die Vorstellungen von männlich und weiblich in der DDR auf jeden Fall aufgebrochener, weniger schwarz-weiß. Weniger dualistisch. Und die Tatsache, dass die meisten Frauen arbeiten gingen und ihr eigenes Geld verdienten, auch wenn sie seltener in Führungspositionen gelangten, führte dazu, dass Frauen unabhängiger von ihren Männern waren. Selbstbestimmter und selbstbewusster.

Ich habe mit verschiedenen osteuropäischen, darunter auch alleinerziehenden Frauen darüber gesprochen, wie osteuropäische Weiblichkeit definiert werden könnte. Ob sie anders definiert werden würde als eine westdeutsche Weiblichkeit. Und ob die Weiblichkeit alleinerziehender Frauen anders sei als die von Frauen, die ihre Kinder in einer Partnerschaft großziehen. In diesem Zusammenhang stieß ich auf die Erzählung *Woche um Woche* der 1908 in Leningrad geborenen russischen Schriftstellerin Natalja Baranskaja, nach deren Veröffentlichung 1969 zum ersten Mal über die Doppelbelastung der Frau in der Sowjetunion debattiert wurde.[8] Doch immer gelangten die Diskussionen an den Punkt, an dem sich Weiblichkeit vielleicht individuell oder graduell feststellen lassen kann – dass jene Frau vielleicht weiblicher ist als eine andere –, sich aber zugleich jeder grundsätzlichen Definition entzog. Und trotzdem hat die Gesellschaft immer wieder versucht, die Weiblichkeit einzufangen und festzulegen.

Lilli, Barbie und die weise Diotima

Am 24. Juni 1952 stand die Redaktion der *Bild*-Zeitung in Hamburg kurz vor Erscheinen ihrer allerersten Ausgabe vor einem Problem. Auf der Seite 2 befand sich, durch einen weggefallenen Artikel, eine Leerstelle. Schnell wurde der Zeichner Reinhard Beuthien beauftragt, sich dieser anzunehmen. Was er tat. Er erfand Lilli. Eine schlanke, blonde junge Frau mit Pferdeschwanz. Die erste Karikatur zeigt sie bei einer Wahrsagerin sitzend und diese fragend: »Können Sie mir nicht Namen und Adresse dieses großen, schönen, reichen Mannes sagen?« Die Kolumne wurde sehr erfolgreich. Aus der ersten Idee wurde eine ganze Reihe, und aus Lilli wurde die *Bild*-Lilli, die 10 Jahre lang ein fester Bestandteil der *Bild*-Zeitung war. Lilli war Single und Sekretärin, verdiente ihr eigenes Geld, ließ sich aber gerne von reichen Männern ausführen. Und sie war äußerst schlagfertig. Einem Polizisten, der sie am Strand darauf hinwies, dass zweiteilige Badeanzüge verboten seien, entgegnete sie: »Na gut, welches Teil soll ich ausziehen?«

1955 ließ die *Bild*-Zeitung Lilli als Puppe aus Hartplastik entwickeln. Weniger als Spielzeug denn als einen der ersten Merchandising-Artikel. Die Spielzeugfabrik O. & M. Hausser in Neustadt bei Coburg entwickelte zwei Varianten, eine rund 30, die andere 19 Zentimeter lang. In den Jahren darauf entstanden 150 verschiedene Outfits, die man der Puppe an- und ausziehen konnte – vom Tennisdress bis zum Pelzmantel.

Bei einem Europaurlaub 1956 entdeckte die amerikanische Unternehmerin und Mitbegründerin der Firma Mattel – die zunächst Spielzeugmöbel und Puppenkleider produzierte –, Ruth Handler, die Puppe in der Schweiz. Und erkannte sofort ihr Potenzial als Spielzeug. Keine Babypuppe sollte es fortan mehr sein, sondern eine Frau, mit der Mädchen – und Jungen – spielen sollten. Sie kaufte einige Exemplare und nahm sie mit zurück in die USA. Auf einer Spielzeugmesse in New York präsentierte Ruth Handler am 9. März 1959 die erste Barbie-Puppe – benannt nach ihrer eigenen Tochter Barbara. Sie war der *Bild*-Lilli wie aus dem Gesicht geschnitten. Erst fünf Jahre später kaufte die Firma Mattel die Rechte an der Puppe, die Herstellung von Lilli wurde eingestellt. Barbie aber wurde die erfolgreichste Puppe der Welt. In den mehr als sechzig Jahren seit ihrer Entwicklung und ersten Vorstellung wurden über eine Milliarde Barbies verkauft – pro Jahr sind es 50 bis 60 Millionen Puppen, die in über 150 Ländern der Welt über die Ladentische gehen. Heute hat Barbie einen YouTube-Kanal mit fast 12 Millionen Follower:innen und eigene Apps.

Bei ihrem Erscheinen entsprach Barbie dem amerikanischen Zeitgeist der 50er-Jahre: eine Frau, die unendlich schön war und immer gepflegt. Schon ein Jahr später erhielt sie ein Auto. Und drei Jahre danach ein Haus. Einen Mann und Kinder hatte sie allerdings nie. Ihr Freund Ken – benannt nach dem Sohn von Ruth Handler –, schon seit 1961 an ihrer Seite, ist nur ein Accessoire. Erst viel später wurde Barbie weiterentwickelt. Sie begann, einer Arbeit nachzugehen, und erhielt schließlich für eine Vielzahl von Jobs Outfits und Accessoires. Die Botschaft lautete: Man kann alles werden als Frau. Zunächst aber war sie mit ihren unrealistischen Maßen – Forscher hatten herausgefunden, dass dieser Körper, wäre er echt, unmöglich allen lebenswichtigen Organen genug Platz geben würde – nicht wenigen ein Dorn im Auge. Setzte das Vorbild dieser zunächst nur blonden, langbeinigen Puppe kleine Mädchen nicht unnötig unter Druck? Auch wenn die Firma Mattel konterte und unzählige Varianten von Barbies auf den Markt brachte: Barbies mit anderen Haarfarben, anderen Körpergrößen, anderen Hautfarben, Barbies, die im Rollstuhl saßen oder eine Brille trugen, hielt sich die Kritik. Vier australische Forscherinnen fanden in einer Studie mit 160 Mädchen im Alter von fünf bis acht Jahren heraus, »dass die Interaktion mit Barbie Mädchen im frühen Grundschulalter dazu ermutigen kann, eine Vorliebe für einen schlanken Körper zu entwickeln«.[9] Was bedeuten würde, so Marika Tiggemann, eine der Forscherinnen, »dass sie denken, dass das Aussehen wichtig ist und dass es gut ist, dünn zu sein. Wenn dick schlecht ist, dann ist dünn gut, und dünner ist besser.«[10]

Im Jahr 2023 kam *Barbie,* verfilmt als Komödie von der Amerikanerin Greta Gerwig auf Initiative des Vorstandsvorsitzenden von Mattel, Ynon Kreiz, ins Kino. Und zweifellos ist die Hauptdarstellerin Barbie – gespielt von der Australierin Margot Robbie, die im Übrigen von einer alleinerziehenden Mutter großgezogen wurde – für viele Menschen der Inbegriff der Weiblichkeit. Elegant. Langhaarig. Schlank. Sie selbst bezeichnet sich im Film als Stereotyp.

Zusammen mit vielen anderen Barbies und einigen Kens lebt sie in diesem Film in der Barbiewelt, in der Frauen das Sagen haben und fast alle Berufe ausüben, von der Bauarbeiterin über die Richterin bis hin zur Präsidentin, während die Kens eher dekorativen Charakter haben. Barbie stattet – gemeinsam mit Ken, gespielt von dem Kanadier Ryan Gosling – der echten Welt einen Besuch ab. Und sieht, dass die CEOs bei Mattel allesamt Männer sind (tatsächlich sitzen im Vorstand von Mattel im Jahr 2024 drei Frauen und acht Männer, wobei die Männer die wichtigsten Posten des CEOs, CFOs und CLOs innehaben), dass auf den Baustellen Männer arbeiten und dass Barbie keinen hohen Stellenwert bei manchen Teenagern genießt. Vor allem aber wird ihr klar, dass sie selbst nicht lebt, sondern die Idee eines anderen ist.

Barbie fällt in eine Sinnkrise. Und beschließt schließlich, die Sicherheit der Barbiewelt zu verlassen und in die echte Welt zu gehen. Für immer, als richtiger Mensch. Als echter Mensch, als echte Frau wird sie Falten und graue Haare bekommen, und Cellulite. Sollte sie schwanger werden, werden sich vielleicht Schwangerschaftsstreifen auf ihrem makellosen Bauch zeigen. Ihre Füße werden breiter werden. Und vielleicht wird es Tage geben, an denen sie nicht so gut gelaunt ist. An denen sie nicht so strahlt. Sie wird Krankheiten bekommen. Erkältungen und Fieber. Sie wird einmal im Monat bluten und vielleicht Bauchkrämpfe und Rückenschmerzen haben. Alles Dinge, die auf ihren perfekten Körper einwirken werden. Und doch wird sie etwas Unschätzbares gewonnen haben: Sie wird lebendig sein. Aber ist diese Lebendigkeit in der Wirklichkeit gewollt und toleriert? Ist es okay als Frau, nicht schlank und schön zu sein? Falten zu haben und alt zu werden?

Vielleicht nicht. Vielleicht ist das Gegenteil der Fall. Nicht nur geben Menschen jährlich weltweit für Kosmetik und Körperpflege rund 473 Milliarden Euro aus. Deutschland liegt bei der Zahl der

Schönheitsoperationen weit vorne. Fast eine halbe Million Eingriffe waren es im Jahr 2021. Eingriffe, für die sich eigentlich gesunde Menschen einer OP unterziehen. Doppelt so viele wie noch zehn Jahre zuvor. Lidstraffungen, Fettabsaugen, Brustvergrößerung, Bruststraffung, Bauchstraffung und Hals-Stirn-Facelift. Und wenig überraschend, auch wenn sich immer mehr Männer unters Messer legen: 88 Prozent aller Operierten waren Frauen.[11] Und vielleicht machen wir uns auch nicht genug bewusst, welche Rolle die Industrie und das Marketing mit ihren immer weiter ausgreifenden Unterscheidungen, immer weiteren Ausdifferenzierungen von Produkten spielt – wie speziellen Lego-Bausteinen, mit denen vermeintlich nur Mädchen spielen können –, um neue Käufergruppen zu erschließen. Immer wieder wird uns suggeriert, dass es sowohl eindeutig männliche wie eindeutig weibliche Merkmale gibt. »Es war wohl vor allem die ›weibliche Kleidung‹, die mich irritiert hat«, antwortete die für ihre zurückgenommene Mode weltberühmt gewordene Hamburger Star-Designerin Jil Sander in einem Interview anlässlich ihres 80. Geburtstags auf die Frage, woher ihre minimalistische Vision von Mode stamme. »… weil Männer andere, praktischere Sachen tragen durften. Auf die war ich neidisch.«[12]

Es sind ja nicht nur Frauen, die unter diesem dualistischen Denken von exakt getrennter Männlichkeit und Weiblichkeit leiden. Die sich unfair behandelt fühlen, wenn ihnen die Möglichkeiten zur Entwicklung genommen werden, die fehlende Aufmerksamkeit für die eigene Persönlichkeit. Oder wenn sie sich in Rollen gepresst sehen, die ihnen nicht entsprechen. Man muss sich nur einmal an einem Samstag zu einer Autowaschanlage begeben, um zu sehen, dass es sehr wohl Männer gibt, die mit großer Freude und Sorgfalt putzen. Stundenlang beschäftigen sie sich mit der Politur ihrer Wagen, saugen das Innere, bis sich kein Krümelchen mehr findet, und wischen mit dem Lappen alle Ecken aus, bis alle Schlieren und aller Schmutz verschwunden sind.

Schön, aber auch ein wenig tot

Vielleicht ist Weiblichkeit eine Illusion. Eine Art Mysterium. Etwas, das man nie in Gänze erreichen können wird. Etwas, mit dem sich viel Geld verdienen lässt. Etwas, mit dem die Gesellschaft jeder einzelnen Frau suggeriert: Es reicht nicht, dass du bist. Du musst werden. Und du musst für immer schlank und jugendlich bleiben. Dieser Druck bleibt nicht folgenlos. Mittlerweile zeigt mehr als jedes fünfte Kind und jeder fünfte Jugendliche weltweit ein gestörtes Essverhalten. Mädchen sind davon deutlich häufiger betroffen. Zugleich steigt die Zahl der jungen Menschen mit Depressionen. Die sozialen Medien haben den Druck mit unrealistischen Bildern noch erhöht: »Wenn man sich dann selbst anguckt und denkt: So sehe ich aber gar nicht aus, vielleicht müsste ich da ein bisschen mehr machen und da ein bisschen weniger machen«, erzählt die 18-jährige Maren in einem Interview über ihr Gefühl, wenn sie Models im Internet sieht. Sie ist Patientin in der Tagesklinik der Tübinger Jugendpsychiatrie und wird dort für ihre Depression und Angststörung behandelt.[13]

Man kann als Frau nie einfach *sein*, sondern befindet sich immer in dem unbefriedigenden Zustand des Werdens. Viele Frauen jagen einem unerreichbaren Ideal nach. Und möglicherweise geben manche diese Jagd vollständig auf und lassen sich gehen. Da sie erkannt haben, dass ihr Ziel unerreichbar ist. Mehr als die Hälfte der Deutschen ist übergewichtig. Vielleicht ist es eben doch so, dass Frauen suggeriert wird, dass sie alle ein wenig wie Barbie zu sein haben: schön, aber auch ein wenig tot. Nichts anderes sind die Stars, die sich operieren lassen, bis sie, faltenlos, siebzigjährig jünger aussehen als ihr eigenes dreißigjähriges Ich. Und auch Männer werden zunehmend dazu angehalten, sich nicht nur um ihre Körperhygiene zu kümmern, sondern Cremes aufzutragen, ihre Brüste zu operieren, Proteinshakes zu trinken und sich Haare auf der Brust entfernen und auf dem Kopf implantieren zu lassen. Bloß nicht alt aussehen! Bloß nicht zu weiblich wirken!

Was wohl Sokrates dazu gesagt hätte? Der griechische Philosoph berichtete – Jahre später aufgeschrieben von seinem Schüler Platon in der Schrift *Das Symposion* – im Hause von Freunden im Jahr 416 vor unserer Zeitrechnung über eine Diskussion, die er mit der weisen Frau Diotima geführt hatte. Sie habe ihn gelehrt, dass es in der Natur des Menschen liege, nach Fortdauer und Unsterblichkeit zu streben, weil alles einer ständigen Veränderung unterliege: »Ein Theil entsteht, der andre verliert sich.« Während aber Götter in ihrer Unsterblichkeit immer gleich sind – »das nämliche bleiben« –, erkannte Diotima gerade in jenem unaufhörlichen Entstehen und Vergehen des Menschen dessen Unsterblichkeit. »Sie dauern nicht dadurch fort, daß sie immer das nämliche bleiben, wie dies bey der göttlichen Natur der Fall ist, sondern dadurch, daß bey einem unaufhörlichen Wechsel des Vergehens und Entstehens immer etwas Neues von derselben Art an die Stelle des Alten tritt.«[14]

Gerade dadurch, dass wir uns fortwährend verändern, sind wir lebendig. Gerade dadurch, dass unser Körper verschiedene Phasen durchläuft, von der Kindheit über die Pubertät, die Jugend, das Erwachsensein, vielleicht das Muttersein und auf jeden Fall das Altwerden, leben wir. Und den alten Griechen zufolge sind wir nicht dadurch unsterblich, dass wir in unserem äußeren Wesen unverändert bleiben wie die Götter, sondern dass wir uns einlassen auf das Entstehen und Vergehen, auf den Kreislauf des Lebens.

KAPITEL 10

Die politisierte Frau

Es gibt tatsächlich Unterschiede zwischen Mann und Frau, von denen einige erst in den vergangenen Jahren in den Blick gerückt sind. Unterschiede im Körperbau und im Hormonhaushalt, die beispielweise im Krankheitsfall eine sehr präzise, auf Frauen zugeschnittene Medizin notwendig machen. Die Zuschreibungen aber von der sanften Frau und dem starken Mann, sie sind konstruiert. Jeder einzelne Mensch ist individuell. Jede einzelne Frau ist individuell. Und jeder einzelne Mann ist individuell. Frauen tragen sowohl männliche wie weibliche Attribute in sich und genauso ist das bei Männern. Die meisten Zuschreibungen sind oberflächlich.

Offensichtlich gibt es noch andere, tiefergehende Gründe für die Festschreibung der Rollen von Mann und Frau. Gründe, die fern von Körperempfindungen oder Werbekampagnen liegen. Häufig dienen sie einer Legitimation von Macht. Dann nämlich, wenn den vermeintlich männlichen Merkmalen eine höhere Wertigkeit zugeschrieben wird als den weiblichen. Dafür spricht die Beobachtung der Kulturwissenschaftlerin Evke Rulffes, die sich für ihr Buch *Die Erfindung der Hausfrau. Geschichte einer Entwertung* akribisch mit Haushaltsratgebern aus der Spätaufklärung auseinandersetzte. »In den deutschsprachigen Frauenzeitschriften des 18. Jahrhunderts«, so schreibt Rulffes, »gibt es keine einzige konkrete Anleitung für den Haushalt – weder Kochrezepte noch Haushaltstipps oder Anleitungen für Reinigungs- oder Heilmittel.«[1] Gänzlich anders sieht die Situation von Frauen im Laufe des 19. Jahrhunderts aus. Zwar waren viele Frauen zu Beginn des 19. Jahrhunderts noch erwerbstätig und ihre Familien auf ihr Einkommen angewiesen, doch zunehmend wurde von den Frauen zusätzlich erwartet, Arbeiten im Haus durchzuführen, die zuvor in vielen Haushalten von Angestellten durchgeführt worden waren. Die Ökonomisierung des Lebens führte dazu, so Rulffes, dass die Tugenden Ordnung, Fleiß und Sparsamkeit »zu dezidiert weiblichen Tugenden bzw. zu unverzichtbaren Tugenden der Frauen« wurden.[2] Es galt zu sparen und das hieß: weniger Personal zu beschäftigen. Mehr noch: Von den Frauen des Bürgertums, die nun angehalten wurden, keiner Tätigkeit außerhalb des Hauses nachzugehen, wurde bald erwartet, dass sie die Hausarbeitstätigkeiten dann ausführten, wenn der Mann nicht da war, um ihn bei seiner Erholung nach der Arbeit nicht zu stören. Zunehmend waren die Hausfrauen mit ihrer Arbeit alleine, und ihre Tätigkeiten wurden zusehends unsichtbar, was auch die im vorherigen Kapitel beschriebene Untersuchung *The Feminine Mystique* von Betty Friedan zutage gebracht hatte. »Die Unsichtbarkeit der Arbeit trägt in der Folge zu ihrer Entwertung bei: Hausarbeit wird nicht mehr als echte Arbeit angesehen, da sie nicht mehr bezahlt wird«, schreibt Evke Rulffes.[3]

Während Männer infolge der Französischen Revolution und in dem darauffolgenden Jahrhundert mit der Industrialisierung und dem Entstehen des Bürgertums viele Freiheiten errangen, politisch aktiv sein konnten und ökonomisch unabhängig, verloren Frauen im gleichen Jahrhundert viele Freiheiten. Wurden aus der Öffentlichkeit und ihren Berufen gedrängt. Verloren das Recht auf eigenen

Besitz. Darauf, ein selbstbestimmtes Leben zu führen. Wurden in die Einsamkeit der häuslichen Arbeit verbannt. Wurden in gewisser Weise selbst unsichtbar. Und ihre Belange wurden nur dann politisch gesehen, wenn sie von einem Mann vertreten wurden.

Zahlreiche Frauen waren sich dieser wachsenden Ungerechtigkeit sehr bewusst. Viele begehrten spätestens ab der Mitte des 19. Jahrhunderts auf. Organisierten sich. Gründeten Vereine – auch, als es ihnen verboten war. Wurden politisch aktiv. Viele von ihnen verstanden sich als Feministinnen.

Freiheit, Gleichheit, Brüderlichkeit

Ein Blick zurück: Das erste Mal tauchte das Wort Feminist niedergeschrieben im Werk *Mann und Weib (L'homme-femme)* des französischen Schriftstellers Alexandre Dumas der Jüngere im Jahre 1872 auf. Er war der uneheliche Sohn des durch *Die drei Musketiere* und *Der Graf von Monte Christo* berühmt gewordenen Schriftstellers Alexandre Dumas. »Die Feministen«, erklärt Dumas darin, »haben jedenfalls die beste Absicht, wenn sie versichern: ›Das ganze Übel liegt darin, weil man nicht anerkennen will, daß die Frau ganz auf dieselbe Stufe gehört wie der Mann, und weil man ihr nicht dieselbe Erziehung gibt und nicht dieselben Rechte einräumt wie dem Manne, der Mann mißbraucht seine überlegene Kraft.‹«[4] Noch im Jahr seines Erscheinens wurde das Buch ins Deutsche übersetzt.

Die 1848 in Tilly zur Welt gekommene Aktivistin der französischen Frauenwahlrechtsbewegung Hubertine Auclert begann als Erste ab 1882 damit, sich selbst und ihre Mitstreiterinnen in ihrer Zeitschrift *La Citoyenne* (Die weibliche Bürgerin) als Feministinnen zu bezeichnen. 1876 hatte sie den ersten Frauenstimmrechtsverein Frankreichs gegründet und setzte sich für die vollständige rechtliche Gleichstellung der Frauen ein. Es war ein langer Kampf bis zum Wahlrecht für Frauen in Frankreich. Erst nach dem Zweiten Weltkrieg, 1946 – mehr als 30 Jahre nach dem Tod Auclerts –, wurde den Frauen in Frankreich landesweit das Wahlrecht zugestanden.

Wenngleich die Französische Revolution 1789 gemeinhin als Startpunkt für mehr Rechte des einzelnen Menschen verstanden wird, von mehr *liberté, égalité* und *fraternité* – Freiheit, Gleichheit und Brüderlichkeit –, war für die Frauen, die sich an den Kämpfen zahlreich beteiligt hatten, kaum etwas errungen worden. Im Gegenteil. Mit der Verabschiedung der Verfassung waren die Rechte der adligen Frauen, die zuvor aufgrund ihres Besitzstandes Wahl- und Vertretungsrechte gehabt hatten, gestrichen worden. Männer dagegen erhielten durch die Französische Revolution tatsächlich mehr Rechte. Sie konnten nun politisch aktiv werden und in die Öffentlichkeit treten, wählen und gewählt werden, auch wenn sie nicht der Aristokratie angehörten,

In den kommenden Jahrzehnten und mit der Einführung des von Napoleon verabschiedeten *code civil* – dem französischen Zivilrecht – verschlechterten sich die Bedingungen für Frauen für ein selbstbestimmtes Leben. Olympe de Gouges hatte die Entwicklung kommen sehen. Die 1748 in Montauban geborene französische Revolutionärin und Schriftstellerin war als junge Witwe um 1768 nach Paris gekommen. Schon 1774 veröffentlichte sie eine Denkschrift, die sich gegen die Sklaverei aussprach. Sie verfasste Theaterstücke und setzte sich für die Rechte unverheirateter Mütter ein – sie selbst war nicht die Tochter des Mannes, mit dem ihre Mutter, eine Wäscherin, verheiratet war. Während der Revolution stritt sie vor allem für die Frauenrechte. In einem berühmt gewordenen Brief an die französische Königin Marie Antoinette vom 5. September 1791 schrieb sie: »Diese Revolution wird nur dann fruchten, wenn sich alle Frauen ihres beklagenswerten Schicksals und ihrer verloren gegangenen Rechte in der Gesellschaft bewusst sind«, und forderte in der sich anschließenden *Erklärung der Rechte der Frau und Bürgerin* die volle rechtliche, politische und soziale Gleichstellung der Frauen. In Artikel 10 heißt es: »Die Frau hat das Recht, aufs Schafott zu steigen; sie soll ebenso das Recht haben, auf die Rednertribüne zu steigen.«[5] Zwei Jahre später wurde sie verhaftet und als Royalistin angeklagt – ihre Einmischung in sogenannte Männerangelegenheiten wird dabei ebenfalls eine Rolle gespielt haben. Am 3. November 1793 starb sie auf dem Place de la Concorde in Paris durch die Guillotine.

Gut einhundert Jahre später hatte sich für die Frauen wenig geändert. 1896 fand – auf Einladung der 1830 in Breslau geborenen Sozialaktivistin Lina Morgenstern und der 1841 in Freyenstein geborenen Minna Cauer, in den 1890er-Jahren unangefochtene Repräsentantin der Frauenbewegung – in Berlin der Internationale Kongress für Frauenwerke und Frauenbestrebungen statt. »Getragen von einer herrlichen Idee, finden sich die Frauen zusammen, ob alt, ob jung, ob reich, ob arm, ob aus dem freiesten Lande oder aus dem unterdrücktesten, – ein Gedanke beherrscht sie, ein Gefühl beseelt sie: zu der Menschheit voll und ganz als gleichberechtigte Glieder zu gehören«, schrieb Minna Cauer in der Einladung. Über 1 000 Frauen aus Deutschland, anderen europäischen Staaten und den USA folgten der Einladung und trafen sich vom 19. bis 26. September 1896 im Roten Rathaus, um in zahlreichen Diskussionen und Vorträgen über Themen wie politische Frauenrechte, Bildung, soziale Tätigkeiten, Prostitution und auch Kleidermode zu debattieren. Die Medien berichteten ausführlich über den Kongress – auch über den Begriff Feminismus und seine Bedeutung. In der Folge fand er internationale Verbreitung.

Das vermeintlich schwache Geschlecht

Zunächst also ist Feminismus nichts anderes als das Sichtbarmachen einer Ungerechtigkeit. Während Männer im 18. Jahrhundert politische Freiheiten erlangten, hatten Frauen das Nachsehen. Mehr noch: Durch die einsetzende Industrialisierung und die Fabrikarbeit verschoben sich die Machtverhältnisse zwischen Männern und Frauen zunehmend. Es war, als hätten die Männer die Gunst der Stunde genutzt, nicht nur, um sich selbst zu emanzipieren, sondern auch, um sich von den Frauen nicht nur abzugrenzen, sondern sie in Abhängigkeit zu drängen. Sie erlangten eine Position, die ihnen politisch, ökonomisch, sozial und privat viel mehr Rechte zugestand als den Frauen.

Auch die Wissenschaft der damaligen Zeit griff den Männern unter die Arme. Fand biologische Beweise dafür, dass Frauen das schwächere Geschlecht seien. So kehrten europäische Ethnologen im 18. und 19. Jahrhundert von weltweiten Forschungsreisen zurück und begründeten die Mär von den Jägern und den Sammlerinnen. Vom aktiven, jagenden Mann und der passiven Frau, die sich um die Kinder kümmert und Früchte sammelt. Dieses Narrativ hielt sich hartnäckig. Es wurde kolportiert in die Tiefen unserer Kultur – und erst von der jüngsten Forschung widerlegt.

Obwohl anthropologische Forschungen weltweit schon in den 70er- und 80er-Jahren des 20. Jahrhunderts Zweifel am Gehalt der Theorie vom Jäger und der Sammlerin hatten, hielt sie sich hartnäckig. Im Jahr 2018 gelangte der amerikanische Archäologe Randall Haas mit einem Forschungsteam zu einem etwa 9000 Jahre alten Grab eines Menschen. Dieser war in den peruanischen Anden bestattet worden. Neben den Knochen des Erwachsenen fand sich in der Grabstätte ein beeindruckender und umfangreicher Satz von 24 Steinwerkzeugen, der alles abdeckte, was ein Jäger benötigen würde, um Großwild zu erlegen – von der Jagd bis zu Verarbeitung des Fells. »Er muss ein wirklich bedeutsamer Jäger gewesen sein, eine wirklich wichtige Person in der Gesellschaft«, hätten er und sein Team gedacht, erzählte Haas dem Magazin *National Geographic* später.[6] Doch weitere Analysen offenbarten eine Überraschung: Die Überreste des Jägers stammten von einer Frau. Haas' Neugier war geweckt worden.

Gemeinsam mit seinem Team schaute er sich Berichte über vorherige Ausgrabungen prähistorischer Jäger- und Sammler-Grabstätten in ganz Amerika an. Auch zuvor schon waren Wissenschaftlerinnen und Wissenschaftler immer wieder auf Gräber gestoßen, bei denen zumindest nicht eindeutig hatte geklärt werden können, ob der bestattete Jäger ein Mann gewesen war. Doch viele Jahre lang fand man andere Erklärungen für diese Umstände. Manchmal konnte das Geschlecht nicht eindeutig geklärt werden, in anderen Fällen ging man davon aus, dass die Person ermordet worden war und dass die Mordwaffen zum Zeitpunkt der Bestattung noch im Opfer steckten. Haas und sein Team suchten weiter und nahmen die Daten von 429 Bestattungen mit Jagdwerkzeugen in den Blick. Und fanden heraus, dass – bei allen Unsicherheiten – die Häufigkeit der Bestattungen mit Jagdwerkzeugen bei Frauen und Männern ähnlich hoch war. Dass es also höchstwahrscheinlich ähnlich viele Frauen gab, die Jägerinnen gewesen waren, wie Männer.

Im Juni 2023 wurde eine Studie von fünf Forscherinnen des Biologischen Instituts der Universität Seattle veröffentlicht, die Berichte von Jägergesellschaften untersucht und zusammengeführt hatten und dadurch ein globales Bild von Jägerinnen zeichnen konnten. Anhand dieser Berichte von Kulturwissenschaftlern, sogenannten Ethnografen, sowie von Beobachtern zwischen Ende des 19. Jahrhunderts und heute fanden die Forscherinnen heraus, dass Frauen nicht nur in fast 80 Prozent der untersuchten Jägergesellschaften gejagt hatten oder jagten, sondern dass sie auch in den Krieg gezogen waren oder zogen.[7]

Die Theorie, nur Männer könnten aufgrund ihrer überlegenen Stärke Jäger und Krieger sein, und Frauen seien, da sie Kinder austrugen und ihre Periode bekamen – und damit vermeintlich Raubtiere anlockten –, weniger gut für die Jagd und den Krieg geeignet, geriet ins Straucheln.

Wenn es aber keine biologischen Gründe für die Unterscheidung zwischen Mann und Frau gab, vielmehr diese nur vorgeschoben waren, was war dann die Erklärung? Möglicherweise ist die Geschichte der Ungleichheit zwischen Männern und Frauen keine Jahrtausende oder Millionen Jahre alte, sondern eine, die sich maßgeblich im 18. und 19. Jahrhundert herausgebildet hat und dem Zeitgeist und der Politik dieser Zeit entspricht. Eine kulturelle, konstruierte Unterscheidung, die sich durch das aufkommende Bürgertum etablierte und manifestierte. Und für Frauen auch dramatische ökonomische Folgen hatte.

Feministische Außenpolitik

Die Politikerin Margot Wallström kam 1954 im nordschwedischen Kåge zur Welt. Mit 25 Jahren wurde sie erstmals für die *Sozialdemokratische Arbeiterpartei* (SAP) in den Reichstag gewählt. Später wurde sie Staatsministerin im Innenministerium, dann Kultur- und Sozialministerin; von 1999 bis 2010 war sie EU-Kommissarin für Umwelt und wurde danach von Generalsekretär Ban Ki Moon zur ersten UN-Sondergesandten im Kampf gegen sexuelle Gewalt an Frauen und Kindern in Konflikt- und Krisengebieten berufen. Es war eine Erfahrung, die sie sehr prägte und sie dazu veranlasste, im Jahr 2014, nachdem sie auf die politische Bühne Schwedens zurückgekehrt und zur Außenministerin ernannt worden war, etwas ganz Neues zu wagen. Zu ihrem Amtsantritt verkündete sie, Schweden werde fortan eine feministische Außenpolitik verfolgen.

Eine feministische Außenpolitik? Wofür brauchen wir das? Und was kann man sich darunter vorstellen? Reicht es nicht, als Staat eine humanistische Außenpolitik zu verfolgen, wollte ich von Wallström vor einiger Zeit wissen, als ich die Gelegenheit hatte, mit ihr zu sprechen. »Wir sehen, dass Frauen immer noch aus Friedensverhandlungen ausgeschlossen sind«, antwortete Wallström. »An Frauen begangene Verbrechen werden oft nicht in Friedensabkommen aufgenommen. Was bedeutet, dass zum Beispiel sexuelle Gewalt und Vergewaltigungen weiterhin straffrei bleiben. Es gibt immer noch eine Diskriminierung und eine Ausgrenzung der Erfahrungen von Frauen.« Ob der Begriff feministische Außenpolitik nicht falsch gewählt sei, fragte ich weiter. Ich konnte mir, als ich begann, mich mit dem Begriff zu beschäftigen, nichts und alles darunter vorstellen. Doch Wallström konterte: »Nein, absolut nicht«, befand sie. »Wenn man einen etwas umstrittenen Begriff wie diesen wählt, wird man natürlich kritisiert, aber es gibt einem auch die Möglichkeit zu definieren, was das ist. Man muss erklären, was man erreichen will und warum. Auch wecken Sie Interesse.«

Zum Zeitpunkt unseres Gesprächs war Wallström schon nicht mehr im Amt. Im Oktober 2022 war die Partei *Die Moderaten* an die Macht gekommen, und wenige Stunden nach seinem Amtsantritt hatte Wallströms Nachfolger Tobias Billström erklärt, die Gleichstellung der Geschlechter sei zwar ein grundlegender Wert in Schweden und auch ein grundlegender Wert für diese Regierung, der Ausdruck »feministische Außenpolitik« aber werde gestrichen, »denn Etiketten haben die Tendenz, den Inhalt zu verschleiern«.[8] Sie fände das Vorgehen »erbärmlich«. »Das muss doch bedeuten, dass die feministische Außenpolitik wichtig ist. Wenn es unwichtig wäre, hätten sie das gar nicht kommentieren müssen«, antwortete Wallström auf meine Frage, ob das nun das Ende der feministischen Außenpolitik sei, auch wenn in den vergangenen Jahren Länder wie Spanien, Mexiko, Kanada, Frankreich und Deutschland das Konzept für ihre Außenpolitik aufgegriffen hatten.

Die Gesellschaften des 21. Jahrhunderts sind vielfältig und divers. Menschen haben das Recht auf unterschiedliche Geschlechter; Menschen haben unterschiedliche Herkunftsgeschichten, und es gibt viele Menschen mit einer – um es mit dem Begriff des Soziologen Aladin El-Mafaalani zu sagen – internationalen Geschichte. In Deutschland ist das mittlerweile fast jede dritte Person. Menschen haben unterschiedliche Weltanschauungen oder sind Teil einer Religionsgemeinschaft; Menschen haben unterschiedliche sexuelle Identitäten oder sexuelle Orientierungen, und auch Menschen mit Behinderungen haben – ganz anders als im 19. Jahrhundert – Rechte und sind Teil der Gesellschaft, auch wenn es da noch deutliche Verbesserungsmöglichkeiten gibt.

In der feministischen Außenpolitik waren es zu Beginn die drei Rs, die im Zentrum standen: Rechte, Repräsentanz und Ressourcenausstattung. Um mehr Gleichheit zu erreichen, sollten den Frauen mehr Rechte zugestanden werden, sie sollten häufiger in politischen Ämtern oder bei Verhandlungen als aktive Teilnehmerinnen berücksichtigt werden, und für ihre Arbeit sollte ihnen nicht nur finanzielle Unterstützung gewährt werden. Auch die deutsche Außenministerin Annalena Baerbock verfolgt seit ihrem Amtsantritt im Jahr 2021 eine feministische Außenpolitik. Man sei überzeugt, »Gesellschaften sind friedlicher und wohlhabender, wenn alle Menschen gleichermaßen am politischen, sozialen und wirtschaftlichen

Leben teilhaben können«.[9] Was einerseits bedeutet, dass feministische Außenpolitik immer auch feministische Innenpolitik sein muss, allein um glaubwürdig zu sein. Anderseits schließt der Feminismus nicht mehr nur Frauen ein, sondern auch andere Menschen, die aufgrund ihrer Herkunft, Religion, Behinderung oder Geschlechtsidentität diskriminiert oder an den Rand der Gesellschaft gedrängt werden. Selbst Männer verstehen sich zunehmend als Feministen. So erklärte der kanadische Premierminister Justin Trudeau 2016 vor den Vereinten Nationen in New York: »Ich bin ein Feminist.« Er glaube an die Gleichheit von Männern und Frauen. Und er glaube auch, dass es auf dem Weg dahin noch sehr viel Arbeit gebe. Man solle nicht nur seine Töchter, sondern auch seine Söhne zu Feministen erziehen.

Zugleich hat sich die Debatte an manchen Stellen seltsam verrannt. Da, wo Männer nur noch als Vergewaltiger und Unterdrücker wahrgenommen werden. Und Frauen als die Fürsorglichen und aufopferungsvoll Gebenden. Wodurch Frauen sich selbst zu Opfern stilisieren, die nur durch das Verhalten der Männer gerettet werden können. Oder dadurch, dass sie Männer ermorden. Wie in dem Debütroman der amerikanischen Journalistin Katy Brent *How to Kill Men and Get Away With It*, in dem – *ups* – ein Mann Opfer wird, der, wie sich im Nachhinein herausstellt, gar kein Täter war. Aber egal, war halt ein Mann. Und auch im Roman der österreichischen Schriftstellerin Mareike Fallwickl *Die Wut, die bleibt* sind die Frauen Opfer und sehen den einzigen Ausweg in der Gewalt oder im Tod. So steht Mutter Helene eines Abends einfach vom Abendbrottisch auf, da ihr Mann, nicht mal in ihre Richtung blickend, fragt: »Haben wir kein Salz?«, und begeht Selbstmord, indem sie vom Balkon springt.[10] Sie hinterlässt drei Kinder. Es gibt keinen Abschiedsbrief, aber irgendwie wird klar, dass ihr das zu viel war mit der Care-Arbeit. Ihre beste Freundin – selbst kinderlos – kümmert sich in den kommenden Monaten aufopferungsvoll um die Familie, während der Witwer sich in seine Arbeit und die Teenagertochter in Gewaltexzesse gegen Männer flüchtet. Nicht nur treiben diese Diskurse die Dualität auf die Spitze – und noch einmal: Was ist das: ein Mann, eine Frau? –, sie verwehren sich auch einer echten Auseinandersetzung und verschleiern den Blick darauf, worum es wirklich geht.

Denn ja, es geht um geschlechtertypische Zuschreibungen, aber schon lange nicht mehr allein um sie. Schon lange sitzen auch Frauen in Chefsesseln, wenn auch vielleicht nicht im C-Level oder der Vorstandsetage, so doch in vielen Etagen darunter. Und sie haben gezeigt, dass sie Angestellte genauso fein unterdrücken und gängeln können, dass sie ihnen genauso wenig Platz zum Wachsen zugestehen können. Dass sie genauso auf Privilegien pochen können wie Männer. Dass sie, als Lehrerinnen an Schulen, nachweislich insbesondere Jungen maßregeln können. Warum? Weil Frauen, so manche Erklärung, noch keine kritische Masse erreicht haben? Weil sie sich noch den Männern angleichen müssen? Geht es aber vielmehr eben nicht um Männer und Frauen – und ganz offensichtlich ging es im Kern schon im 19. Jahrhundert nicht um sie –, sondern allein um die Frage der Macht? Ist das Patriarchat, das Frauen unterdrückt, nicht ein Ausdruck des hierarchischen Denkens, vor dem auch Frauen nicht gefeit sind? So erklärt auch die Politologin Barbara Holland-Cunz, die jahrelang eine Professur im Fachgebiet Politikwissenschaft mit dem Schwerpunkt Frauenforschung an der Justus-Liebig-Universität Gießen innehatte und zudem Leiterin der Arbeitsstelle Gender Studies war, »Patriarchat« impliziere zugleich Kapitalismus, Rassismus, Ethnozentrismus, Nationalismus, Kolonialismus, Naturbeherrschung und Heteronormativität. Feminismus sei demzufolge »ein Demokratieprojekt, das die Demokratisierung aller (un)demokratischen Gesellschaften zum (fernen) Ziel erklärt, eine wirkmächtige politische Theorie/Praxis, die sich gegen sämtliche Formen der Entwürdigung zur Wehr setzt, wenn auch der Ausgangspunkt (...) die Machtlosigkeit von Frauen darstellt«.[11]

Der feministische Kampf ist ein Kampf um Macht. Es ist ein Kampf um Ressourcen, wie auch hier noch gezeigt werden soll. Ein Kampf, in dem Alleinerziehende die denkbar schlechtesten Karten haben. Zunächst einmal aber werfe ich einen zweiten Blick auf den Feminismus, um herauszuarbeiten, in welcher Beziehung er zur Mutterschaft im Allgemeinen steht und zur Situation von Alleinerziehenden im Besonderen.

KAPITEL 11

Was hat der Feminismus für (Solo)Mütter erreicht?

Einer der Knackpunkte des Feminismus ist die Mutterschaft. Zwar hat der Feminismus insbesondere in den 80er-Jahren zahlreiche Forderungen für Mütter formuliert und einige seiner Ziele auch umsetzen können, wie eine mütter- und kinderfreundlichere Öffentlichkeit, Kinderbetreuung für diejenigen, die das wollen – was, auch wenn es einen gesetzlichen Anspruch darauf gibt, immer noch nicht flächendeckend gewährleistet ist –, Wertschätzung von Müttern, die Legitimation von Fürsorge und Pflege inklusive der Anerkennung anderer Organisationsformen und Zeitrhythmen, Rücksichtsnahme also beispielsweise beim Timing von Meetings auf Eltern, die ihre Kinder von der Betreuung abholen müssen. Doch auf die grundsätzliche Frage, in welchem Einklang die Selbstbehauptung der Frau mit den Anfordernissen der Mutterschaft steht, hat der Feminismus keine Antwort geliefert. Insbesondere vor dem Hintergrund, dass Studien immer wieder zeigen, wie Paare dazu neigen, die Haushaltsaufgabenlast nach der Geburt des ersten Kindes mehrheitlich an die Frau zu delegieren. Oder auf die Frage, ob Frauen, die sich entscheiden, mit ihrem Kind erst einmal zu Hause zu bleiben, *per se* weniger emanzipiert sind als Frauen, die *trotz* eines Kindes arbeiten gehen, gibt es bislang keine Antworten.

Emanzipation und Mutterschaft

Woran misst sich die Emanzipation einer Mutter? Sie sei überrascht gewesen, erzählt die österreichische Soziologin Samira Baig im Gespräch, dass sie kein einziges Werk zu Mutterschaft und Feminismus gefunden habe, »kein feministisches Gegenkonzept zur Mutterschaft«, wie sie auch dem österreichischen *Standard* in einem Interview erzählte.[1] Die US-amerikanische Philosophin Patrice DiQuinzio sei gar zu dem Schluss gekommen, dass Mutterschaft ein unlösbares Problem feministischer Theorie darstelle. Zwar gäbe es, so Baig, eine Reihe von Studien, die ein Gleichberechtigungsstreben bei heterosexuellen Paaren bestätigen, doch ab dem Zeitpunkt, an dem Kinder ins Spiel kommen, seien deutliche Retraditionalisierungstendenzen zu beobachten. Sie selbst hat eine Studie zu Konzepten feministischen Mutterseins herausgebracht. Und kommt zu dem Schluss: Es scheint, »als wäre Mutterschaft schwer von cis weiblichen Zuschreibungen und Assoziationen loszulösen«.[2]

Noch immer, so scheint mir, habe ich das Konzept des Feminismus und seine Vorstellung von der Welt nicht vollständig durchdrungen. Klar, es geht um die Herstellung von Gleichheit aller Menschen, egal, welchen Hintergrundes oder Geschlechts. Doch was bietet das Konzept mir, als Frau *und* Mutter *und* Alleinerziehende? Wofür brauchen wir es heute noch, da Frauen wählen und gewählt werden und nicht nur arbeiten gehen, sondern auch Karriere machen können? Wird es dem Feminismus gelingen, den Unterschied zwischen den Gehältern von Männern und Frauen aufzuheben? Ist das nicht vielmehr die Aufgabe der Politik? Oder ist Feminismus einfach eine andere Art von Politik? Hat die Idee des Feminismus vielleicht ausgedient, jetzt, wo sie als Theorie so komplex, vielfältig und an manchen Stellen gar widersprüchlich geworden ist? Da es schon längst nicht mehr nur um Frauen geht? Da nicht mehr von *dem* Feminismus, sondern von Feminismen gesprochen werden muss? Und wo soll sich eine Alleinerziehende verorten, die ja – wenn man sich nur die Auseinandersetzung des Feminismus mit der Care-Arbeit anschaut – gar niemanden hat, mit dem sie über die Verteilung von Aufgaben verhandeln kann?

Dann aber spreche ich mit der Soziologin Ilse Lenz, die nicht nur jahrzehntelang die Professur für Geschlechter- und Sozialstrukturforschung an der Ruhr-Universität Bochum innehatte, sondern mit *Die Neue Frauenbewegung in Deutschland* ein Standardwerk über die verschiedenen feministischen Strömungen herausgegeben hat.[3] Und ich stoße auf die Regisseurin Claudia Richarz, die mit *Aufräumen* einen Porträtfilm über eine der prominenten deutschen Feministinnen der 68er-Jahre, Helke Sander, gedreht hat. Und verstehe besser, dass es dem Feminismus nicht um rein persönliche Schicksale geht, sondern um die Gleichberechtigung der Frau in der Gesellschaft, für die die bestmöglichen Bedingungen geschaffen werden müssen. Eine Gleichberechtigung, die vielleicht am besten im Sinne des englischen Begriffs *equity* verstanden werden muss, der sich in der Diversitätsdebatte durchgesetzt hat.[4] Denn für eine echte Teilhabe, um gleiche Bedingungen herzustellen, brauche ich als Mutter, und insbesondere als Solomutter, andere Voraussetzungen und andere Formen von Unterstützung als ein Mann ohne Kinder. Oder eine Frau ohne Kinder.

Um einer Arbeit nachgehen zu können, benötige ich beispielsweise eine verlässliche Kinderbetreuung. Ich brauche gute Schulen, die nicht erwarten, dass die in Teilzeit oder gar nicht arbeitenden Mütter (und Väter) sich nachmittags ständig mit ihren Kindern hinsetzen, um Hausaufgaben zu machen oder Referate vorzubereiten. Um mich gut um mein Kind kümmern zu können, brauche ich auch finanzielle Sicherheit. Der Diskurs des Feminismus, der mir in vieler Hinsicht so verengt und zugleich unübersichtlich scheint, der viel Energie beispielsweise dem Gendern widmet und sich an anderen Stellen ein wenig gelangweilt zurücklehnt und feststellt: »Läuft bei uns«,[5] als sei alles erreicht und als sei die einzige Befürchtung, dass es Rückschritte geben könnte, dieser Diskurs ist in seinem Kern immer noch hochaktuell. Denn wenn es den Frauenbewegungen im Grunde, wie Ilse Lenz sagt, um die Frage des Zusammenlebens mit Kindern und die Herausforderung, wie dafür Zeit gefunden wird, geht, dann muss man feststellen, dass wir uns als Gesellschaft immer noch in einem Prozess befinden, der an manchen Stellen – wo es beispielsweise nicht einmal gelingt, genug Kitaplätze einzurichten oder Männer für die Care-Arbeit einzuspannen – nicht weit gekommen oder gar rückläufig ist.

Und doch hat sich etwas bewegt, ist gesellschaftlicher Wandel möglich. Ein Blick zurück zu den Anfängen der Neuen Frauenbewegung in Deutschland Ende der 60er-Jahre, ein nochmaliges Betrachten des Entstehens dieses Diskurses zeigt, wie die Situation vor einem halben Jahrhundert war und wie sie sich seitdem verändert hat – teilweise gegen große gesellschaftliche Widerstände. Die Protagonist:innen haben dabei nicht immer explizit feministisch gehandelt oder mit dem Anspruch, als Feministinnen verstanden zu werden. Frauen (und Männer) haben kooperiert und sich unterstützt, in Vereinigungen und mit Ideen. Sie haben viel Mut und Stärke für diese Veränderung gebraucht.

»wir werden uns nicht mehr damit begnügen, dass den frauen gestattet wird, auch mal ein wort zu sagen, das man sich, weil man ein antiautoritärer ist, anhört, um dann zur tagesordnung überzugehen«, erklärte Helke Sander am 13. September 1968 in ihrer

Rede auf der Delegiertenkonferenz des Sozialistischen Deutschen Studentenbundes in Frankfurt am Main. Gegen erheblichen Widerstand war es Helke Sander als einziger Frau erlaubt worden, zu sprechen. Im Januar hatte die Filmstudentin mit ein paar Mitstreiterinnen den Aktionsrat zur Befreiung der Frauen in Berlin gegründet und die ersten Kinderläden mitinitiiert. Diese Zeit war der Höhepunkt der Studenten- und Bürgerrechtsbewegungen weltweit, und Helke Sander und ihre Mitstreiterinnen forderten, dass die Bewegungen sich endlich nicht nur mit Ungerechtigkeiten weltweit, sondern auch ganz konkret mit der Rolle der Frau und ihrer Selbstbestimmung in der Gesellschaft und in den Gremien auseinandersetzen sollten. »die trennung zwischen privatleben und gesellschaftlichem leben wirft die frau immer zurück in den individuell auszutragenden konflikt ihrer isolation.« Kindererziehung und Hausarbeit seien aber nicht Privatsache der Frauen. Das Private sei politisch.[6]

Doch nach der Rede und einer Pause lehnte die SDS-Führung eine Diskussion ihrer Thesen ab und wollte zur Tagesordnung übergehen. Da stand Sigrid Rüger auf. Sie – ebenfalls Mitglied des Aktionsrates – war hochschwanger und hatte, wie sie später erzählte, nicht ohne Hintergedanken schon zuvor auf einem Markt ein Säckchen sehr weicher Tomaten erstanden. Statt sie zu essen, bewarf sie nun die Vorstandsriege des SDS damit. Ein historisches Ereignis, war der Tomatenwurf doch die Initialzündung der Neuen Frauenbewegung. Innerhalb kürzester Zeit wurden die Forderungen des Aktionsrates bekannt, andere Frauenzirkel sahen die Rede als Stärkung und Ermutigung. So war schon im Jahr zuvor im schwäbischen Herrenberg von der Lehrerin Luise Schöffel der »Verband lediger Mütter« gegründet worden – heute der Verband alleinerziehender Mütter und Väter mit Sitz in Berlin. Schöffels Mutter hatte sie und ihre vier Geschwister alleine großgezogen, da der Vater früh gestorben war, und auch sie selbst war eine alleinerziehende Mutter. In vielen Universitätsstädten entstanden in der Folge innerhalb kürzester Zeit feministische Frauengruppen. In den nachfolgenden Jahren ebbten die Diskussionen und Aktionen nicht ab. Frauenhäuser und Beratungsstellen für Frauen entstanden. Feministische Zeitschriften wurden herausgegeben und stießen gesellschaftliche Diskussionen an, wie die um die Frage der Legalität von Abtreibungen. Als Frauen und als Mütter können wir uns doch auch wehren, so der Gedanke von Helke Sander.

Sie selbst kam 1937 in Berlin zur Welt. Besuchte mit zwanzig Jahren die Schauspielschule der Hamburger Kammerspiele. Heiratete 1959, schon schwanger, den finnischen Schriftsteller Markku Lahtela und zog mit ihm nach Finnland. Bald kam der gemeinsame Sohn zur Welt. Mit Staunen, wie sie später erzählt, sah sie nicht nur, dass ihr Schwiegervater, ein ranghoher Regierungsbeamter, seine Hemden selbst bügelte, sondern dass hier auch Frauen ganz selbstverständlich über Politik diskutierten. Helke Sander studierte an der Universität Helsinki, veranstaltete Improvisationen und inszenierte Bühnenstücke am finnischen Arbeitertheater. 1965 kehrte sie mit ihrem Sohn nach Berlin zurück und war fortan alleinerziehend. Die Rückkunft nach Berlin gestaltete sich schwierig.

Allseits reduziert

Da die Vermieter ihr und ihrem Sohn keine Wohnung geben wollten, lebte sie mit ihm in einer der ersten Kommunen. Zwar gehörte sie zu den ersten Studentinnen der Deutschen Film- und Fernsehakademie in Berlin, doch Regieaufträge wurden ihr, als Frau, verwehrt. Neben ihrem Studium arbeitete sie als Übersetzerin und Reporterin. Und drehte trotzdem erste Filme. In *Die allseits redu-*

zierte Persönlichkeit – Redupers von 1978 führt sie selbst Regie und spielt die Hauptrolle. Darin erzählt sie die Geschichte der Fotografin Edda, die zerrissen ist zwischen ihren vielfältigen Aufgaben und Rollen, als alleinerziehende Mutter, als Künstlerin, als eine Person, die Geld verdienen muss, als Freundin. Ein Schicksal, das Helke Sander in eindrücklichen Schwarz-Weiß-Aufnahmen in dieser zerrissenen Stadt Berlin widerspiegelt, durch deren Mitte die Mauer verläuft. Eine Frau, die allem gerecht werden will, den eigenen Ansprüchen und den an sie herangetragenen, und die daran scheitert, weswegen sie sich als *allseits reduziert* empfindet.

Es ist ein Gefühl, das nicht nur alleinerziehende Mütter noch heute überkommen kann – trotz besserer Gleichstellung und beruflicher Möglichkeiten, trotz oftmals besserer Kinderbetreuung und finanzieller Unterstützung durch den Staat. Dann, wenn es nicht gelingt, zur gleichen Zeit die Kinder gut zu versorgen, sich selbst zu verwirklichen, sich um den Haushalt zu kümmern und sich auch noch beruflich auf gute Beine zu stellen, um die finanzielle Seite abzusichern. Immer gibt es etwas, was man nicht schafft. »Vor dem Einschlafen denke ich, dass aus Tagen wie diesem das Leben besteht. Punkte, die am Ende, wenn man Glück gehabt hat, eine Linie verbindet. Dass sie auch auseinanderfallen können zu einer sinnlosen Häufung vergangener Zeit, dass nur eine fortdauernde unbeirrte Anstrengung den kleinen Zeiteinheiten, in denen wir leben, einen Sinn gibt …«, zitiert Sander in *Die allseits reduzierte Persönlichkeit – Redupers* die ostdeutsche Schriftstellerin Christa Wolf.

Der Film, obschon fast 50 Jahre alt, rührt bis heute an. Denn die Frage der Gleichberechtigung ist auch im 21. Jahrhundert nicht vollständig beantwortet. In manchen Bereichen, wie in der Frage der Aufgabenteilung eines Paares mit Kind im Haushalt, scheint sich wenig bewegt zu haben. Und auch wenn Frauen leistungsstark und karriereorientiert sind und es ihnen oftmals gelingt, sich mit Disziplin, Selbstbewusstsein und Mut in unserer Gesellschaft durchzusetzen, so stoßen sie immer noch an Grenzen, an die gläserne Decke, an den Gender Pay Gap. Zugleich haben viele, gerade alleinstehende, erfolgreiche Frauen das Gefühl, den Feminismus nicht mehr zu brauchen, da sie alles selbst erreichen können. »Die Aufkündigung der Solidarität unter Frauen, die populäre Ablehnung von Frauenförderung oder Quoten sowie der Verweis auf Leistung, Wahlfreiheit und die Optimierung des Frauenkörpers im Dienst ökonomischer Verwertbarkeit aber sind neoliberaler Zeitgeist pur«, befindet die Soziologin Ute Gerhard in ihrem Buch *Frauenbewegung und Feminismus*.[7]

Vielleicht ist die Frage, wer heute Veränderungen herbeiführen kann: Feminismus oder Politik, müßig. Und doch ist es beeindruckend zu sehen, dass ein Bundesfinanzminister nicht mehr ohne Folgen behaupten kann, es sei eine »beklagenswerte Tatsache, dass die Erwerbsbeteiligung von Alleinerziehenden im vergangenen Jahrzehnt trotz des Ausbaus der Kinderbetreuungsstruktur zurückgegangen ist«, wie dies der FDP-Politiker Christian Lindner, selbst Sohn einer alleinerziehenden Mutter, bei einer Pressekonferenz zur Kindergrundsicherung im Sommer 2023 tat. Nicht nur der Verband der Alleinerziehenden (VAMV) und die Stiftung Alltagsheldinnen positionierten sich dazu öffentlich. Es gab auch Protest aus der Politik, unter anderem von der Sprecherin für Frauen-, Kinder- und Jugendpolitik der Linksfraktion im Bundestag, Heidi Reichinneks. Sie legte Zahlen vor, aus denen eindeutig hervorgeht, dass die Erwerbstätigkeit von Alleinerziehenden in den letzten zehn Jahren zugenommen hat, und sagte: »Finanzminister Lindner hat ganz bewusst gelogen.«[8]

Der Vorfall zeigt deutlich, mit welchem Blick manch ein Politiker auch heute noch auf Alleinerziehende schaut. Ein Blick, der so manche Alleinerziehende in der sozialen Hängematte wähnt, in der sie es sich mal so richtig gut gehen lässt – von dieser vermeintlichen Hängematte wird noch die Rede sein. Doch er zeigt zugleich, dass dieser Blick auch öffentlich nicht mehr unhinterfragt bleibt.

KAPITEL 12

Auf der Suche nach einem alleinerziehenden Vater

In Gesprächen mit alleinerziehenden Vätern wird ziemlich schnell deutlich, dass sie sich in genau dem gleichen Spagat zwischen finanzieller Absicherung, Zeit für das Kind oder die Kinder und Platz für sich selbst befinden – für Freunde, Sport oder die kreative Arbeit – wie alleinerziehende Mütter. Vielleicht ist das ein Spagat, in dem sich alle Eltern befinden, kommt bei den meisten Eltern in Paarbeziehungen ja noch hinzu, dass sie Zeit füreinander finden müssen und wollen.

Von 2,7 Millionen Alleinerziehenden in Deutschland im Jahr 2022 waren 487 000 Männer, ein Anteil also von 17 Prozent. Statistisch gesehen unterscheiden sich die Väter kaum von alleinerziehenden Müttern, außer in der Hinsicht, dass sie öfter für ältere Kinder sorgen und über ein höheres Einkommen verfügen. Ich will wissen, wie es sich anfühlt, als Mann alleinerziehend zu sein. Worin unterscheidet sich ihre Situation von der einer Frau? Wie beäugt einen die Gesellschaft? Wie gut ist die Unterstützung? Und was sind die Ängste und Nöte von alleinerziehenden Vätern?

Die Suche nach alleinerziehenden Vätern gestaltet sich zunächst schwierig. Zwar meint man, alleinerziehende Väter in seinem Umfeld zu haben oder zu kennen, doch auf Nachfrage stellt sich oft heraus, dass dem nicht so ist. Nein, so richtig alleinerziehend würden sie sich nicht nennen, sagen mir gleich zwei Bekannte unabhängig voneinander, Väter von zwei bzw. drei Kindern und seit einigen Jahren getrennt lebend. Am Anfang vielleicht schon, in den ersten Monaten, aber schon bald hätten sich alle wieder mehr sehen wollen. Die Kinder ihre Mutter, die Mutter ihre Kinder. Und die Väter selbst hätten sich darüber gefreut, bedeute es doch, wieder mehr Zeit für sich selbst zu haben. Ich suche nach Literatur und Studien und werde nur bei einigen wenigen Filmen fündig. Der bekannteste ist vielleicht *Plötzlich Vater*, die französische Drama-Komödie von Hugo Gélin aus dem Jahre 2016 mit Omar Sy als Samuel in der Hauptrolle. Dieser genießt gerade das schöne Leben in Südfrankreich, als Kristin, eine seiner One-Night-Stands, vorbeischaut. Er kann sich nicht mehr an sie erinnern. Sie übergibt ihm das gemeinsame drei Monate alte Baby Gloria, und nach einigen Startschwierigkeiten leben Vater und Tochter bald glücklich zusammen in London, Samuel arbeitet als Stuntman. Bis acht Jahre später die Kindsmutter eines Tages vor der Türe steht und ihre Rechte als Mutter einfordert.

Ich bitte Freunde und Bekannte um Hilfe. Gibt es alleinerziehende Väter, die mit mir sprechen wollen? Namen werden genannt, Nachrichten verschickt, wir telefonieren. Oft stellt sich heraus, dass sich die vermeintlich alleinerziehenden Väter in einem Wechselmodell befinden, ihre Kinder also wochenweise betreuen. Wenn man die Definition von alleinerziehend anlegt, nach der alleinerziehend ist, wer ohne Hilfe einer anderen erwachsenen Person mindestens ein Kind unter 18 Jahren großzieht, so sind sie streng genommen nicht alleinerziehend. Ich spreche trotzdem mit einigen von ihnen. Und treffe dann auch ein paar wirklich alleinerziehende Väter, die sich ganz allein, ohne Hilfe der Kindsmutter, um ihre Kinder kümmern. Da einige von ihnen mich nur treffen und mit mir sprechen wollen, wenn ich ihre Namen nicht nenne und alle Details unkenntlich mache, habe ich beschlossen, hier alle Väter zu anonymisieren. Denn mehr als das Einzelschicksal interessieren mich bei dieser Betrachtung ohnehin das Gefühl und der andere Blickwinkel. Wissenschaftlichen Standards genügt diese Befragung sicher nicht, dafür ist die Anzahl der geführten Gespräche zu klein. Und doch haben sich durch die Gespräche einige Gegebenheiten herausgeschält, die allgemeiner Art zu sein scheinen.

Sorgerecht und Finanzen

So lerne ich: Väter in Deutschland befinden sich nach einer Trennung in einer rechtlich – wahrscheinlich nicht nur gefühlt – schwierigen Situation, insbesondere, wenn die Kinder klein sind. Was vielleicht auch einer der Gründe dafür ist, warum sie nicht so gerne darüber sprechen. Familiengerichte, erzählen sie, seien in Deutschland »mutterlastig«. Selbst wenn Mütter grob fahrlässig handeln würden, scheinen die Familiengerichte und Jugendämter sich oftmals trotzdem für die Mütter als Hauptbezugsperson starkzumachen. Was eine Familienrichterin im Gespräch bestätigt. Man habe den Anspruch, Mütter in einem Prozess zu unterstützen, sie in gewisser Weise zu erziehen. Da sei es kontraproduktiv, ihnen gleich die Kinder wegzunehmen. Es ginge darum, eine Perspektive zu schaffen. Das Kindswohl stehe immer im Mittelpunkt, und man gehe gerade bei kleineren Kindern davon aus, dass die Mutter für dieses Wohl eine zentrale Rolle spielt. Was erklärt, warum die Väter oft das Gefühl haben, in einer Situation zu stecken, der sie ausgeliefert sind. Entscheidet die Mutter, dass der Vater das Kind oder die Kinder nicht mehr oder nur wenig sehen kann – insbesondere, wenn sie nicht verheiratet waren –, so hätten Väter wenig rechtliche Handhabe. Manche Frau nutze das aus und trage Machtspiele auf dem Rücken der Kinder, des Kindes aus.

»Ich würde gerne wissen, welches Gesetz besagt, dass eine Frau allein aufgrund ihres Geschlechts der bessere Elternteil ist«, fragt der Werbekaufmann Ted Kramer, gespielt von Dustin Hofman, in dem oscarprämierten Drama *Kramer gegen Kramer* aus dem Jahr 1979. Die Mutter Joanna Kramer, gespielt von Meryl Streep, hatte 15 Monate zuvor ihren Mann und ihren kleinen Sohn verlassen, um sich selbst zu finden. Nun klagt sie vor Gericht auf das alleinige Sorgerecht für den Sohn mit dem Argument, sie sei doch seine Mutter.

Eine Bekannte habe ihm in der Trennungsphase geraten: »Lass dir das nicht nehmen«, erzählt mir einer der Väter. Das habe ihm sehr geholfen, dranzubleiben. Er habe seinen Sohn nicht verlieren wollen, der zum Zeitpunkt der Trennung noch in den Kindergarten ging. Es sei ein Balanceakt gewesen. Denn zugleich habe er das Gefühl gehabt, er dürfe sich nicht zu sehr in den Vordergrund drängen. Familiengerichte würden empfindlich darauf reagieren, wenn Väter zu dominant aufträten. Auch habe er seinem Sohn nicht den Eindruck vermitteln wollen, er nähme ihn seiner Mutter weg. Zugleich musste er präsent sein und deutlich machen, dass er seine Aufgabe als Vater übernehmen wolle, gerade weil die Mutter sich in einem gesundheitlichen und vor allem psychischen Zustand befand, in dem sie nicht für das gemeinsame Kind habe sorgen können. Es sei ein schwieriger Prozess mit vielen Anläufen gewesen, der sich über Jahre hinzog. Das brauche Mut, erklärt mir der Vater und erzählt, er kenne andere Väter, die diesen Mut nicht aufgebracht hätten, weil sie ohnehin davon ausgegangen seien, dass sie nicht gewinnen könnten. Erst, wenn die Kinder älter sind, entscheiden die Gerichte zu fast 50 Prozent auch für die Väter.

Es ist eine der Wahrheiten, die für fast alle Alleinerziehenden gilt: In gewisser Weise ist man zumindest so lange von der Gunst des anderen Elternteils der Kinder abhängig, bis das Kind auf eigenen Beinen steht. Und auch danach wird es immer wieder Situationen geben, bei denen man einander trifft oder sich arrangieren muss. Durch die Tatsache, dass man gemeinsam ein Kind oder Kinder hat, bleibt man auf verschiedene Weise noch lange nach der Trennung verbunden – ob man will oder nicht. Nicht immer gelingt es, diese fortgeführte Beziehung entspannt zu führen und sich gegenseitig zu unterstützen oder die Situation zumindest nicht zu erschweren. Schließlich spielen Emotionen eine große Rolle, oft gab es Verletzungen, wurde man belogen, hintergangen. In den seltensten Fällen ist eine Trennung ein sauberer Akt, insbesondere, wenn Kinder da sind. Und auch wenn das Wohlergehen des Kindes oder der Kinder eigentlich im Mittelpunkt stehen sollte, so spielen viele andere Faktoren eine Rolle. Manchmal spielen auch heute noch Traditionen eine Rolle: der Blick der Gesellschaft – wobei es auch abhängig davon ist, wo man lebt –, der Stolz der Väter und insbesondere der Mütter, für die es mit einem noch viel größeren Stigma verbunden ist, ihre Kinder zu verlieren oder sich nicht mehr vorwiegend selbst um die Kinder kümmern zu wollen oder zu können.

Und da unterschiedliche Vorstellungen von der Kindererziehung bei der Trennung oft eine Rolle spielen, ist das nach einer Trennung, wenn einer der beiden Partner das alleinige Sorgerecht erhält, bisweilen noch schwieriger auszuhalten. Auch bei einem geteilten Sorgerecht kann es Frauen wie Männer extrem belasten, wenn sie das Gefühl haben, dem Kind nach jedem Aufenthalt beim anderen Elternteil erst mal wieder die eigene Vorstellungswelt nahebringen, Werte und Überzeugungen immer wieder neu erklären und etablieren zu müssen.

Wer zahlt was?

Oft spielen die Finanzen nicht nur eine tragende Rolle in der Beziehung und sind nicht selten der Grund für eine Trennung, sie spielen auch danach eine gewichtige Rolle. Für Mütter, weil sie oftmals auf die Unterstützung durch den Vater angewiesen sind. Für Väter, weil sie manchmal das Gefühl haben, nur noch zahlen zu müssen und sonst wenige oder gar keine Rechte zu haben.

Warum es das Verursacherprinzip beim Trennungsunterhalt nicht gebe, fragt mich einer der Väter, mit dem ich spreche. Schließlich habe seine Frau sich ja von *ihm* trennen wollen. Der Trennungsunterhalt steht jenem Partner zu, der weniger verdient, und beläuft sich auf 45 Prozent des Nettoeinkommens, wenn der Partner nicht erwerbstätig ist, oder 45 Prozent des Differenzbetrags beider Nettoeinkommen, wenn beide arbeiten. Er wird für ein Jahr gezahlt. Und auch nach dem Jahr müssen Väter, insbesondere wenn sie gut verdienen, keine geringen Summen an die Mütter der Kinder zahlen. Einige Väter erzählen mir, dass sie den vollen Unterhalt für ihre Kinder bezahlen, obwohl diese auch viel Zeit bei ihnen verbringen. Das sind Ausnahmen, schließlich zahlen nur 25 Prozent der Unterhaltspflichtigen tatsächlich den Mindestunterhalt.

Die alleinerziehenden Väter, die ich getroffen habe, haben alle für ihre Kinder keinen Unterhalt von der Expartnerin, sofern sie noch am Leben war, erhalten. Belastbare Zahlen zu unterhaltspflichtigen Müttern liegen nicht vor. Möglicherweise liegt die finanzielle Last bei alleinerziehenden Vätern fast vollständig bei ihnen, ähnlich wie bei der Mehrzahl der alleinerziehenden Mütter.

Statistisch gesehen stehen alleinerziehende Väter, was das Einkommen betrifft, besser da als alleinerziehende Frauen. Was darauf zurückzuführen sein mag, dass Männer generell besser verdienen als Frauen, und darauf, dass Männer sich häufiger um ältere Kinder kümmern, also möglicherweise mehr Zeit haben, Vollzeit zu arbeiten. Auch scheint der Anspruch der Väter, Vollzeit zu arbeiten, höher zu sein als bei Frauen, weswegen sie zwar meist mehr Geld zur Verfügung haben, es ihnen aber tendenziell eher an Zeit für die Kinder mangelt. Während 40 Prozent der alleinerziehenden Väter – unabhängig von der Anzahl der Kinder – über ein Nettoeinkommen von 2 100 Euro und mehr verfügen konnten, waren es bei den alleinerziehenden Frauen nur 23,4 Prozent. Was im Übrigen nicht darauf zurückzuführen ist, dass alleinerziehende Männer eher einen Berufs- oder Studienabschluss haben als alleinerziehende Mütter. Die Zahl der Berufs- und Studienabschlüsse ist ebenso vergleichbar wie das Verhältnis der alleinerziehenden Mütter, die generell arbeiten, mit 68,7 Prozent, zu alleinerziehenden Vätern mit 74,3 Prozent.

Die Väter, mit denen ich sprach, befanden sich alle in beruflichen Situationen und Positionen, in denen sie sich selbst Freiräume für ihre Kinder nehmen oder mit ihren Vorgesetzten aushandeln konnten. Einer habe mit Beginn der Zeit als Alleinerziehender vollständig ins Homeoffice wechseln können, zwei andere, die selbstständig waren, hatten zunächst vorwiegend am Vormittag gearbeitet und zu anderen Zeiten – da das Kind dann von den Großeltern beaufsichtigt wurde – kompakt drei, vier Tage am Stück gearbeitet. Ein Vierter, ein freiberuflicher Artist, dessen Kinder, die er im Wechselmodell mit seiner Ex-Partnerin betreut, im Ausland leben, bereitet seine Abwesenheiten langfristig und sehr gebündelt vor. Viel hat mit Planung und Organisation zu tun. Viel damit, ein gutes Netzwerk zu haben. Aber es sei auch ein großes Privileg, so arbeiten zu können, erzählen mir diese Väter. Nicht immer seien Männer in der Position, ihren Job so flexibel gestalten zu können, dass sie die Verantwortung für ihre Kinder – voll oder großenteils – tragen können. Nicht immer würden diese Forderungen akzeptiert. Es brauche auch Arbeitgeber, die sich darauf einlassen. Ein gewisses Standing und Selbstbewusstsein sowie eine Gesellschaft, die sich darauf einlässt. So war der Werbekaufmann Ted Kramer in *Kramer gegen Kramer* 1979 als alleinerziehender Vater noch eine exotische Ausnahme und verlor seinen Job nicht nur, weil er einen wichtigen Termin verpasst hatte, da er sich um seinen fiebernden Sohn gekümmert hatte, sondern auch, weil das Grundverständnis für dieses Familienmodell fehlte. »Ich denke, du solltest Billy für eine Weile zu Verwandten schicken«, empfahl der Chef von Ted Kramer gleich zu Beginn, als er erfuhr, dass Ted sich alleine um den Jungen kümmerte.

Die Netzwerke der Väter

Auch im 21. Jahrhundert ist es noch keine Selbstverständlichkeit, dass Väter sich um ihre Kinder kümmern wollen und dafür Zeit brauchen – ganz unabhängig davon, ob sie alleinerziehend sind oder nicht. Aber immer mehr Väter wollen für ihre Kinder da sein und sich einbringen. Vielleicht ist dieser Umstand weniger einem neuen Zeitgeist geschuldet als den Umständen, wie dem, dass auch Frauen arbeiten gehen, und der Erkenntnis, dass es Kindern und Vätern gleichermaßen guttut, wenn auch Väter sich um die Belange der Kinder kümmern, zu Gesprächen in die Schule gehen, sie zu Arztterminen begleiten, bei Hausaufgaben oder Prüfungsvorbereitungen helfen oder einfach mal einen Nachmittag mit ihnen auf dem Spielplatz oder im Wald verbringen.

Alleinerziehende Väter sind, genauso wie Mütter, auf Unterstützungsnetzwerke angewiesen. Es sei eine der zentralen Erkenntnisse zu Beginn seiner Zeit als Alleinerziehender gewesen, erzählt mir ein Vater, dass man das »nur wuppen kann, wenn man in der Lage ist, um Hilfe zu bitten«. Natürlich sei das Typsache, aber er habe schnell andere Väter und Mütter in der Kita und später in der Schule gefunden, Freunde und Bekannte, mit denen er sich viele Wege und Aufgaben geteilt habe. Seine Erfahrung sei, dass Menschen ihn als alleinerziehenden Vater gerne und ohne viele Fragen unterstützt hätten. Oft habe er sich, gerade als die Kinder kleiner waren, mit anderen Alleinerziehenden gegenseitig ausgeholfen. Einige Väter erzählen, dass auch die Großeltern eingesprungen seien und unterstützt hätten. Gerade, wenn es darum gegangen sei, die Vereinbarkeit von Beruf und der Betreuung des Kindes oder der Kinder unter einen Hut zu bekommen.

Mittlerweile gibt es nicht nur im Internet, sondern auch in größeren Städten Beratungszentren für alleinerziehende Väter, wie das Väterzentrum in Berlin, das allgemein »den Trend zur engagierten Vaterschaft (unterstützt), indem es Väter in allen familiären Situationen fördert, informiert, vernetzt und berät«, wie es auf der Homepage des Vereins heißt.[1] Und es gibt Vereine, die sich um alleinerziehende Väter und ihre Sorgen kümmern und sie auf ihrem Weg unterstützen. So steht der 1967 von Luise Schöffel gegründete »Verband lediger Mütter« schon seit 1976 auch alleinerziehenden Männern offen. Seit 1995 trägt er den Namen »Verband alleinerziehender Mütter und Väter« (VAMV).

Männerhaushalte

Öfter fallen in Gesprächen, vor allem von Vätern mit Söhnen, Worte wie »Männerhaushalt« oder »Jungsnummer«. Bei Nachfragen erfahre ich, dass sich das nicht darauf bezieht, dass die Wohnung sich in einem Chaos befindet, Staubflusen die Ecken der Räume verschönern, der Abwasch sich stapelt oder die Wäsche nicht gemacht wird. Sondern eher auf eine Unkompliziertheit und Leichtigkeit. Wenn niemand Lust habe zu kochen, gäbe es eben schon wieder Würstchen; wenn niemand Lust habe aufzuräumen, dann mache man es eben rasch gemeinsam. Einer der Väter erzählt mir, er sei schon immer sehr fürsorglich und häuslich gewesen. Insgesamt vermittelt sich der Eindruck, den alleinerziehenden Vätern, die mit mir sprachen, sei Ordnung und Sauberkeit in ihrem Leben wichtig, und es sei auch nicht unbedingt etwas, was sie an Dritte delegieren würden, an ihre eigenen Mütter oder Haushaltshilfen. Sondern etwas, was sie ohne großes Murren einfach ausführen. Zugleich, erzählt mir ein Vater, werde auch »kein perfekter Haushalt« von ihm erwartet. Die Messlatte hängt also vielleicht ein wenig niedriger; womöglich spielt die Haushaltsführung für alleinerziehende Männer nicht so eine zentrale Rolle, wie sie oft Frauen zugeschrieben wird.

Zugleich scheint es eine geteilte Befürchtung alleinerziehender Väter zu sein, nicht diese vermeintliche »Gemütlichkeit«, nicht genug »weiblichen Flair« zu haben, der Frauen in Haushaltsangelegenheiten oft nachgesagt wird. Und der sich bei genauerem Hinsehen oft als Illusion herausstellt. Was wieder die Frage aufwirft, ob nicht alle Menschen weibliche und männliche Attribute in sich tragen und diese individuell unterschiedlich gewichtet sind, ganz unabhängig davon, ob sie eine Frau sind oder ein Mann. Denn natürlich gibt es auch Frauen mit sehr eigenem Geschmack, es gibt Frauen, deren Wohnungen alles Weiche und Umarmende vermissen lassen, deren Wohnungen höchst pragmatisch eingerichtet sind. Manche stören sich nicht an einer gewissen Unordnung. Vielleicht aber stecken Frauen, gerade wenn sie Kinder haben, einfach ein bisschen mehr Anstrengung in das gemeinsame Haus oder die gemeinsame Wohnung. Und vielleicht tun sie dies nicht immer, weil sie einen inneren Drang danach verspüren, sondern weil sie denken, dass es von ihnen erwartet wird. Aus einem traditionellen Rollenverständnis heraus also.

Auch Väter können Herzenswärme

Bei näherem Hinsehen zeigt sich bei den Vätern, mit denen ich sprach, eine interessante Gemeinsamkeit. Sie alle waren auf gewisse Weise besonders engagiert als Väter, weil sie das Gefühl hatten, dass die Mütter der Kinder etwas missen ließen. Immer wieder erzählten diese alleinerziehenden Väter, die Mütter ihrer Kinder seien »wenig herzlich«, »wenig einfühlend«, »wenig verantwortungsbewusst«, »wenig feinfühlig«. Es seien Mütter, die sich oft mehr um ihre eigenen Belange kümmern würden als die der Kinder. Wie Leda – gespielt über zwei Jahrzehnte von Jessie Buckley und Olivia Colman – in dem Film *The lost daughter* von Maggie Gyllenhaal aus dem Jahre 2021, der auf dem Roman der italienischen Schriftstellerin Elena Ferrante *La figlia oscura* (im Deutschen lauten die Titel jeweils: *Frau im Dunkeln)* aus dem Jahr 2006 basiert. Leda will sich ihrer Karriere als Übersetzerin widmen und nicht der Erziehung ihrer beiden Töchter. Sie will selbst wahrgenommen werden und nicht nur ihre Kinder wahrnehmen. »Children are a crushing responsibility«, sagt sie und lässt ihre Kinder beim Kindsvater zurück, als diese gerade einmal sieben und fünf Jahre alt sind.

Das ist einerseits interessant, da ein solches Verhalten oft Männern unterstellt wird, die sich mehr um ihre Karrieren oder ihre Hobbys oder ihre Kumpel kümmern als um ihre Familie. Andererseits scheint es ein zentraler Impuls der Väter zu sein, der dazu führt, dass sie die Verantwortung selbst übernehmen. Weil die Väter, mit denen ich sprach, das Gefühl haben, die Mutter könne sich nicht ausreichend um die Kinder kümmern. Er habe seinem Kind immer vermittelt, dass er da sei, um auf es aufzupassen, erzählte mir ein Vater, dessen Partnerin das gemeinsame Kind oft vernachlässigte. Doch auch wenn die Situation nicht so dramatisch ist, haben diese Väter das Gefühl, etwas kompensieren zu müssen, das vermeintlich Mütter vermitteln sollten: für Kinder da zu sein als jemand, der Gespräche mit ihnen führt, auch über persönliche Dinge; jemand, der ihnen zugewandt ist und ihnen Aufmerksamkeit und Herzenswärme schenkt. Auch hier stellt sich die hochinteressante Frage, ob es nicht falsche Erwartungen sind, Klischees darüber, wie Männer und Frauen vermeintlich seien und es nicht einfach in Menschen begründet liegt, dass sie unterschiedlich sind: der eine härter als der andere, der eine zugewandter als der andere – unabhängig von ihrem Geschlecht.

Dennoch scheinen Väter sich seltener aus freien Stücken für das Alleinerziehen zu entscheiden. Oft werden sie von ihren Partnerinnen betrogen und verlassen. Manchmal sind die Partnerinnen schwer krank. Und manche sterben, wie Elizabeth King in der Tragikomödie von Alexander Payne aus dem Jahr 2011 *The Descendants – Familie und andere Angelegenheiten,* die nach einem Motorbootunfall im Koma liegt und sterben wird. Der Ehemann, Matt King, gespielt von George Clooney, muss sich fortan selbst um die beiden Töchter kümmern, 10 und 17 Jahre alt. Der Film, der auf dem Debütroman der hawaiianischen Schriftstellerin Kaui Hart Hemmings basiert, die bis zum Alter von fünf Jahren von einer alleinerziehenden Mutter großgezogen wurde, spielt vor einer atemberaubenden Kulisse auf Hawaii. Matt King, ein Rechtsanwalt, hat sich offensichtlich bisher wenig um seine beiden Töchter gekümmert, sie fordern ihn heraus, die ältere trinkt viel Alkohol. Nicht nur er muss sich in seine neue Rolle einfinden.

Dramatischer noch ist die auf wahren Begebenheiten beruhende Geschichte des amerikanischen Unternehmers Chris Gardner, die der italienische Regisseur Gabriele Mucchino im Jahr 2006 unter dem Titel *The Pursuit of Happyness* (deutsch: *Das Streben nach Glück)* verfilmt hat. Von seiner Frau und Mutter des gemeinsamen Sohnes verlassen, da sie die finanziell belastende Situation nicht mehr aushielt, bemüht sich Gardner – verkörpert vom amerikanischen Schauspieler Will Smith – um eine Ausbildung, die ihm eine bessere Zukunft in Aussicht stellt. Zugleich muss er sich um den fünfjährigen Sohn kümmern, für den er die Verantwortung übernommen hat. Eine Zeit lang sind die beiden obdachlos. Doch Gardner glaubt fest an eine bessere Zukunft. In dem Moment, in dem er von seiner Frau verlassen wird, fällt ihm Thomas Jefferson ein, einer der Hauptautoren der am 4. Juli 1776 verabschiedeten amerikanischen Unabhängigkeitserklärung, die Gründungsurkunde der Vereinigten Staaten. Der erste Satz der Präambel lautet: »Wir halten diese Wahrheiten für selbstverständlich, dass alle Menschen gleich geschaffen sind, dass sie von ihrem Schöpfer mit bestimmten unveräußerlichen Rechten ausgestattet sind, dass zu diesen Rechten Leben, Freiheit und das Streben nach Glück gehören.« »Und ich erinnere mich«, sagt Chris Gardner in dem Film, »dass ich dachte, woher wusste er, dass er den Teil mit dem Streben nach Glück da hineinschreiben musste. Dass Glück vielleicht nur etwas ist, das wir anstreben können, und dass wir es vielleicht tatsächlich nie haben können. Egal, was passiert. Woher hat er das gewusst?« Tatsächlich schaffte er selbst nicht nur seine Ausbildung auch unter diesen widrigen Umständen, sondern auch den Aufstieg zum Selfmade-Millionär.

Wo sind die Vorbilder für Väter?

Abgesehen von diesen wenigen Filmen gibt es kaum Vorbilder für alleinerziehende Väter. Wenig, woran sie sich orientieren können. Und während einige Väter mit ihrer Situation offensiv umgehen, einer habe gar bei einer Vorstellungsrunde beim Elternabend in der Grundschule erklärt, er sei alleinerziehend, verbergen andere Väter dies. Erfinden Geschichten über die abwesende Mutter und halten auch ihre Kinder an, nicht darüber zu sprechen. Zu groß sei die Angst vor neugierigen Fragen.

Möglicherweise haben Väter es noch schwerer als Frauen, zu ihrer Situation zu stehen. Aus Angst, die Gesellschaft könne diese Familiensituation als defizitär empfinden. Als sei es eine Konstellation, die etwas Entscheidendes vermissen lasse: die Frau. Und solange nur Frauen das Fürsorgliche, das Unterstützende, das Liebende zugeschrieben wird, werden Väter es schwer haben, ihre Rolle nicht nur anzunehmen, sondern auch nach außen hin selbstbewusst zu vertreten.

Ein Vater jedoch erzählte mir, er möge aus einem ganz anderen Grund nicht über seine Situation sprechen. Wenn er sage, er sei alleinerziehend, werde ihm oftmals überhöhtes Lob zugetragen. Er werde über die Maßen bewundert, was er als höchst unangenehm empfinde: »Das, was ich mache, ist doch normal; das macht mich doch nicht zum Helden!«, sagte er.

Alleinerziehende Väter müssen sich nicht nur mit ihrem eigenen Rollenverständnis auseinandersetzen, sondern auch mit ihrer Rolle als Vater in dieser Gesellschaft, worin sie sich nicht von anderen Vätern unterscheiden. Waren diese Rollen schon immer so verteilt? »Wenn man historisch zurückschaut«, erzählt Michael Meuser, einer der profiliertesten Männerforscher Deutschlands und Professor für die Soziologie der Geschlechterverhältnisse an der Technischen Universität Dortmund, dem *Deutschlandfunk* in einem Interview, »da gibt es ganz interessante Studien von Historikern und Historikerinnen, die zeigen, dass etwa bis zur Mitte des 19. Jahrhunderts in dem bürgerlichen Haushalt der Vater sich auch zuständig sah für die Erziehungsaufgaben. Und dass dann, im Zuge der Entwicklung der industriellen Gesellschaft im 19. Jahrhundert und im Zuge der zunehmenden Trennung der Sphären von Beruf und Familie, auch der räumlichen Trennung der Sphären von Beruf und Familie, die Erziehungsaufgaben immer mehr in die Hand der Mutter gegeben wurden.«[2] Auch hier scheint es sich um nichts Festgeschriebenes zu handeln, sondern um etwas Erlerntes. Und etwas, das sich mit dem Aufkommen des Bürgertums und des Kapitalismus im 19. Jahrhundert entwickelt hat – was sich nicht nur mit den schon beschriebenen Beobachtungen von Evke Rulffes in *Die Erfindung der Hausfrau* deckt.

Einer der zentralen Faktoren in diesem Zusammenhang ist die sogenannte Care-Arbeit, die später noch einmal betrachtet werden soll unter der Fragestellung, warum diese Arbeit so abgewertet ist. Zunächst einmal aber soll es in den folgenden beiden Kapiteln um die finanzielle Situation von Alleinerziehenden gehen.

KAPITEL 13

Zu viert auf 70 Quadratmetern

Ich kenne alleinerziehende Mütter mit nicht nur einem Kind, die einfach mal so in den Herbstferien nach New York fliegen, weil ihnen gerade danach ist. Andere, die in Häusern leben, die sie von ihrem eigenen Geld gekauft haben, und gar solche, die sich ein eigenes Haus für sich und ihre Kinder gebaut haben. Ich kenne alleinerziehende Mütter in riesigen Eigentumswohnungen, die nicht darüber nachdenken müssen, ob die Kinder den Führerschein machen, ein Auslandsjahr oder eine Sprachreise. Manche haben einfach wahnsinnig viel gearbeitet, besonders, bevor sie Kinder bekamen. Manche haben Familiennetzwerke, die sie unterstützen. Manche haben Kindsväter, die selbst in sehr guten Positionen sind und die Kinder – wenn auch oft mit Widerwillen – zumindest finanziell gut unterstützen.

Diese Frauen sind Ausnahmen, aber es gibt sie. Nicht alle Alleinerziehenden sind von Armut gefährdet. Die Mehrzahl der Alleinerziehenden, besonders, wenn sie mehr als ein Kind haben, leben aber tatsächlich in bescheideneren Verhältnissen. Vielleicht kann man auch sagen: Die Mehrzahl der allein lebenden *Frauen*, egal, ob sie Kinder haben oder nicht, müssen mit einem geringeren

Einkommen auskommen als allein lebende Männer. Ein Blick in die Zahlen des Statistischen Bundesamtes zeigt, dass nur ein unwesentlicher Unterschied besteht zwischen dem Nettoeinkommen von Frauen, die Kinder haben und alleinerziehend sind, und dem Nettoeinkommen von Frauen, die alleine leben und keine Kinder haben. Viel deutlicher ist in beiden Fällen der Abstand zu alleinstehenden Männern, die deutlich mehr verdienen.

Kind statt Karriere

Insgesamt gibt es keine andere Gruppe in Deutschland, die so armutsgefährdet ist wie Ein-Eltern-Familien: 43 Prozent von ihnen gelten als einkommensarm.[1] Was im Übrigen nicht darauf zurückzuführen ist, dass alleinerziehende Mütter nicht arbeiten gehen. Im Gegenteil: Alleinerziehende Mütter gehen häufiger einer Erwerbstätigkeit nach als andere Mütter und sie arbeiten öfter in Vollzeit.

Der Grund für die Armutsgefährdung liegt darin, dass alleinerziehende Mütter oft – neben der Pflege und Unterstützung der Kinder – alleine für die gesamten finanziellen Ausgaben, die ein Kind benötigt, aufkommen müssen. Für Klassenreisen, neue Schuhe, Hefte, verloren gegangene Bücher, Friseurbesuche, Winterjacken, Geburtstagsgeschenke für Freundinnen und Freunde, Eintritt fürs Kino. Denn nur ein Viertel der unterhaltspflichtigen Väter zahlt regelmäßig den vollen Unterhalt für die Kinder, drei Viertel entweder zu wenig, gar nicht oder unregelmäßig. Und der Staat, in Form von Familienämtern und einem Unterhaltsvorschuss, kommt den Alleinerziehenden nur begrenzt zur Hilfe. Besonders bitter ist diese Situation für Frauen, die ihrem Partner während der gemeinsamen Zeit den Rücken frei gehalten haben. Die sich um die Kinder kümmerten, während der Vater der Kinder Karriere machte. Sind die Partner nicht verheiratet, hat die Frau keinen Anspruch auf eine Ausgleichszahlung oder irgendeine andere Kompensation für all die Arbeit und Mühe, die sie in die gemeinsame Familie gesteckt hat statt in die eigene berufliche Karriere.

Der Vater meiner Kinder hat uns lange Jahre finanziell gut unterstützt. Wie lebten nicht im Luxus, aber wir konnten ab und zu in den Urlaub fahren, wir konnten ab und zu essen gehen. Wir mussten nicht darüber nachdenken, ob die Kinder wirklich neue Schuhe brauchten oder ob sie noch ein paar Monate warten konnten und wir die Löcher in den Schuhen einfach eine Weile ignorieren. Dann kam Corona und irgendwie liefen ein paar Dinge schief. Die Firma meines Ex-Mannes musste Insolvenz anmelden. Für eine ziemlich lange Zeit konnte er uns finanziell gar nicht mehr unterstützen. Es war einer der bittersten Momente in meinem Mutterdasein, als ich an einem grauen Novembertag beim Sozialen Dienstleistungsamt in Hamburg-Eppendorf vorstellig wurde und meine Unterlagen für einen Unterhaltsvorschuss abgab – und ich kann mir kaum vorstellen, was das für Frauen bedeutet, die möglicherweise immer in dieser Situation waren, vielleicht sogar von Anfang an. Ich ging arbeiten. Ich hatte einen Studienabschluss. Und trotzdem musste ich das Amt um Hilfe bitten. In meiner kitschig-naiven Vorstellung würde ich in ein kleines Büro kommen, wo eine Mitarbeiterin hinter Topfpflanzen mich – wenn auch vielleicht mit einem etwas unwirschen Ton – über meine Rechte aufklären und mir vielleicht noch den einen oder anderen Tipp geben würde. Ja, vielleicht würde sie den in mir aufgestauten Tränen einen Raum geben. Aber niemand empfing mich. Der Pförtner des riesigen Gebäudes war der Einzige, mit dem ich sprechen konnte. Er nahm meine Unterlagen entgegen. Es sei unüblich, seine Anträge persönlich vorbeizubringen, sagte er freundlich.

Irgendwie bin ich mit der Illusion aufgewachsen, dass mir, sollte es mir einmal so richtig mies gehen, als Frau, als Mensch in dieser Gesellschaft, als Mutter von drei Kindern, immer noch der Sozialstaat zur Seite stehen würde. Dass, wenn ich zu irgendeinem Zeitpunkt meines Lebens, der hoffentlich nie eintreten wird, verlassen wäre von meiner Familie und Freunden und dem Vater meiner Kinder, wenigstens der Staat noch helfen würde. Ist es eine Illusion, dass ein Staat seine schwächsten Mitglieder, so gut es geht, schützt und unterstützt? Und wenn er auch keine Schulter zum Anlehnen bietet, so doch ausreichende finanzielle Unterstützung? Würde er nicht da sein? Mich für eine Weile auffangen, bis ich mich gefangen hätte und wieder auf eigenen Beinen würde stehen können?

Ich bin mir nicht mehr sicher, ob er wirklich da ist. Ob ich mich auf ihn verlassen kann.

Eine nicht so riesige Wohnung

Wenn ich neue Menschen kennenlerne und nach meiner Familie gefragt werde und danach, wo ich wohne, habe ich viele Jahre lang erzählt, dass mein Mann viel arbeiten würde und selten zu Hause sei. Obwohl wir schon längst getrennt waren. Erst nach einer ganzen Weile der Trennung konnte ich sagen, ich sei getrennt lebend und die Kinder lebten bei mir. Das Wort alleinerziehend habe ich lange vermieden. »Das Schlimmste an der Scham ist, dass man glaubt, man wäre die Einzige, die so empfindet«, schreibt die französische Literaturnobelpreisträgerin Annie Ernaux, die 1940 in der Normandie zur Welt kam, in ihrem autobiografischen Buch *Die Scham.*[2] In ihm erzählt sie vom Juni 1952, in dem ihr Vater eines Nachmittags versucht hat, ihre Mutter umzubringen. Und von einem Sommer, in dem die Spannungen in der Familie deutlich werden, vom Wunsch der Eltern nach sozialem Aufstieg und dem demütigenden Rückfall in alte Verhältnisse. Und zugleich dem eigenen Wunsch nach Aufbruch und einem besseren Leben.

Das Gefühl der Scham wird von Ernaux als ein Gefühl der Unwürdigkeit beschrieben. Als sei man nicht ganz. Als habe man einen Fehler gemacht. Als sei es folglich ganz logisch, dass man sich in einer besonderen – einer anderen als der vermeintlich normalen – Situation befinde. Als gäbe es einen Grund dafür. Einen Grund, den andere vielleicht sogar sehen, während man selbst blind ist. »Auch das gehört zur Scham: der Eindruck, dass einem von nun an alles Mögliche passieren kann, dass es nie aufhören wird, dass die Scham zu immer mehr Scham führt«, schreibt Ernaux.[3]

Werde ich nach unserer Wohnung gefragt, antworte ich meist, dass wir in einer nicht so riesigen Wohnung leben, die aber unweit der Alster läge, über zwei Balkone verfüge und einen riesigen Innenhofgarten. »Es sind gerade mal 80 Quadratmeter«, sage ich dem Gegenüber meist und erzähle es mit einem Staunen in der Stimme, ganz so, als könne ich es selbst nicht fassen, dass es möglich sei, so beengt zu leben. Ich erzähle, dass wir viel unterwegs sind – oder vor der Teenagerzeit meiner Kinder waren. Und viele Wochenenden an Nord- oder Ostsee oder im Süden verbringen, auf Fußballplätzen oder im Wald. Uns also nicht so viel in unserer Wohnung aufhalten.

Die Wohnung ist keine 80 Quadratmeter groß. Aber irgendwie sind 80 Quadratmeter gesellschaftlich noch tragbar – in einer Zeit, in der viele Menschen in Großstädten in beengten Verhältnissen leben und die Aussicht auf eine größere Wohnung aufgegeben haben. Bisschen klein, denkt das Gegenüber, aber er oder sie denkt vielleicht nicht an ärmliche Verhältnisse.

Die Wahrscheinlichkeit, in dieser Gegend, hier in diesem Stadtviertel, eine größere bezahlbare Wohnung zu bekommen, tendiert gegen null. Auch wenn immer wieder Wohnungen leer werden oder sogar neu gebaut. Wir leben in derselben Wohnung, in die ich mit meinem Mann zog, als wir uns gerade kennengelernt hatten und er noch nicht mein Mann war, sondern mein Partner – und damals dachte ich, die ich in großen Häusern und auf Höfen aufgewachsen war, mit unzähligen Zimmern, Räumen, Dachböden, Kellern, Gärten, Wiesen, Ställen, ich dachte im Ernst, die Wohnung sei zu klein für uns *beide,* sie stehle mir den Raum zur Entfaltung, zum Alleinsein, zum Laut-Musik-hören-Können.

Neulich stand wieder einmal eine Wohnung in einer Nachbarstraße zum Verkauf. Eine Fünf-Zimmer-Wohnung. Der Preis: sagenhafte 3,2 Millionen Euro. Für eine Wohnung in einem Mehrparteienhaus. Mitten in der Stadt. Erdgeschosslage mit einem geradezu irrwitzig winzigen Rasenplatz davor, der als Garten tituliert wurde. Kein einziger Baum steht darin, nur ein paar Büsche, um die Wohnung vor neugierigen Blicken von Passanten abzuschirmen. Und nicht weit davon entfernt entstand kürzlich ein komplett neues Mehrfamilienhaus mit zahlreichen 180-Quadratmeter-Wohnungen mit vier Zimmern. Der Kaufpreis für eine einzige Wohnung mit Balkon lag bei über einer Million Euro.

Einmal habe ich mich bei einer der wenigen Wohnungsbaugesellschaften beworben, die auch Wohnungen in diesem Stadtteil vermietet. Man hat meine Bewerbung nicht angenommen. »Erfahrungsgemäß können wir Ihnen für diese Gegend keine Wohnungsangebote unterbreiten«, hieß es in der Antwort. Für eine Sozialwohnung bräuchte ich einen Berechtigungsschein. Für diesen Schein verdiene ich viel zu viel. Und selbst für Wohngeld ist mein Einkommen zu hoch. Was alles nichts daran ändert, dass die Wohnung zu klein ist.

Bei meinem Gehalt bliebe mir, würde es mir doch einfallen, eine größere Wohnung beziehen zu wollen, in einen anderen Stadtteil zu ziehen. Sehr weit raus. An den Rand der Stadt. Und selbst dann stehen bei vernünftigen Wohnungen manchmal 300 Bewerber vor der

Tür. Wie viele Chancen hätte ich da, als alleinerziehende Mutter mit drei Kindern? Und ich müsste die Kinder rauszerren aus ihrem sozialen Umfeld, aus dem Fußballverein, der Schule, vom Musikunterricht. Von allem, was sie selbstständig mit dem Fahrrad und der Bahn erreichen können. Weg von allen Freunden. Manche gehen diesen Weg, starten neu in einem anderen Stadtteil, der weit draußen liegt. Oder gar vor den Toren der Stadt. Mein Arbeitsweg würde viel Zeit kosten. Zeit, die nicht übrig ist, weil es Zeit ist, die ich für meine Arbeiten oder die Versorgung der Kinder oder die Aufgaben des Haushalts brauche.

Vielleicht steht mir mein Stolz im Weg. Vielleicht glaube ich immer noch fälschlicherweise, dass es irgendwie doch noch einen Weg geben wird. Hat nicht die Freundin, ebenfalls alleinerziehend mit zwei Kindern, eben in der Nachbarschaft eine große, bezahlbare Dreizimmerwohnung gefunden?

Von Meerschweinchen und Gemüsestapeln

Unsere Wohnung ist nicht groß, aber sie ist unser Zuhause. Sie hat zwei Balkone. Auf dem nach vorne liegenden, zu einer ruhigen Straße hin, leben unsere beiden Meerschweinchen, die zu Beginn der Coronazeit zu uns gekommen sind. Der Balkon nach hinten hinaus liegt zu einem begrünten Innenhof hin. Auf ihm stehen Töpfe mit Küchenkräutern, eine große Rose und eine Schneerose, die schon im Februar ihre weißen Blütenblätter zu entfalten beginnt. Meist flattert hier unsere Wäsche im Wind. Im Innenhof stehen mächtige alte Bäume, deren Stämme und Äste manchmal im Wind quietschen. Hier leben Vögel, wie Rotkehlchen und Blaumeisen, und zahlreiche Eichhörnchen, die auf der Suche nach Nüssen bisweilen bis zu uns auf den Balkon kommen und, auf der Wäscheleine balancierend, ihre kleinen erdigen Fußabdrücke auf der frisch gewaschenen Wäsche hinterlassen. Es ist, mitten in einer Millionenstadt, eine Oase der Ruhe.

Die Menschen des Hauses sind vorwiegend jung. Und wenn es auch einmal laut wird bei uns, weil wir uns streiten, weil gerade gekämpft werden muss, weil der Fußball unbedingt – trotz Verbots – herumgekickt werden muss, weil Teenagermädchen die ganze Nacht kichern müssen, dann ertragen sie diesen Lärm, halten ihn aus. Grüßen uns trotzdem freundlich. Stehen sehr selten vor unserer Tür und bekunden, dass es gerade wirklich zu laut sei. Einmal stand ein neuer Nachbar vor der Tür und fragte, ob ich Kinder hätte. Meine Söhne hatten in ihrem Zimmer mit einem Freund spät am Abend schreiend und trampelnd Fangen gespielt, und selbst mir war das zu laut gewesen, aber ich hatte dem Getobe keinen Einhalt gebieten können. War müde gewesen vom Schimpfen. Ich war dem Nachbarn, auch wenn ich ihm das natürlich nicht sagte, dankbar dafür, dass er geklingelt hatte. Danach fanden die Jungs ein leises Spiel.

Und doch: Die Wohnung ist viel zu klein für uns. Was ein immer drängenderes Problem wird, je größer die Kinder werden. Und es wird auch später ein Problem bleiben. Denn auch wenn mir Freunde sagen, ich müsste einfach noch ein paar Jahre durchhalten, dann wären die Kinder ja sowieso aus dem Haus, kann ich nur erwidern, dass ich hoffe, dass sie mich immer besuchen kommen. Und ihre zukünftigen Partner und Partnerinnen, ihre zukünftigen Kinder und alles mehr, was sie in der Zukunft haben werden, mitbringen werden. Wie soll das gehen in so einer kleinen Wohnung?

Schon jetzt sind Besuche häufig mit größeren Umständen verbunden, ist es eben nicht so, dass man, wie sonst so üblich, ins aufgeräumte Wohnzimmer laden kann, denn tatsächlich haben wir kein richtiges Wohnzimmer. Oft wundern sich Gäste über das sich stapelnde Gemüse in unserer Küche. Ich habe aufgehört zu versuchen, es wegzuräumen, weil es keinen Ort in dieser Küche für all das Gemüse gibt, das ich samstags einkaufe und das wir in einer Woche verzehren, all die Tomaten, Gurken, Paprika, Auberginen, Zucchini, Kohlrabi, Brokkoli, Blumenkohle, Kartoffeln und Zwiebeln. »Du hast aber viele Zwiebeln«, sagte einmal ein Gast staunend mit einem Blick auf den Haufen goldener und weinroter Knollen. »Ja, die brauche ich immer«, antwortete ich lachend. Und verstand genau, dass wir nicht über die Zwiebeln in meiner Küche sprachen. Ist doch diese gemüsige Unordnung ein Spiegel des ganzen Restes.

Über- und Unterbelegungsquoten

Tatsächlich leben wir zu viert, eine Mutter und drei Teenager, auf 70,12 Quadratmetern. In drei Zimmern, einer kleinen Küche, einem Abstellraum, einem kleinen Bad, einem Flur und ja, zwei Balkonen. Es ist wenig tröstlich, dass sich viele Menschen in ähnlichen Situationen befinden. Und dass auch Doppelverdiener keine adäquate Wohnung finden. Wenn man sich überlegt, dass die durchschnittliche Wohnfläche pro Einwohner in Deutschland in Wohnungen im Jahr 2020 bei 47,4 Quadratmetern lag, dann fühlt es sich geradezu absurd an. 47,4 Quadratmeter für eine einzige Person. Eine Studie der Bertelsmann-Stiftung kam zu dem Schluss, dass Alleinerziehende und ihre Kinder in Deutschland von allen Bevölkerungsgruppen am meisten unter beengten Wohnverhältnissen leiden. Die »Überbelegungsquote« betrage bei ihnen 19 Prozent im Vergleich zur Betroffenheit der Gesamtbevölkerung von 7,8 Prozent.[4] Die letzten Sätze an diesem Buch schreibe ich an einem Wochenende in einer Ferienwohnung auf dem Land in Niedersachsen. Eine Doppelhaushälfte. Die 70 Quadratmeter hat. 70 Quadratmeter auf zwei Etagen, dazu ein großer Garten. Für mich ganz allein. Kein einziger Quadratzentimeter davon fühlt sich zu viel an.

Es gibt viele Gründe für den Mangel an bezahlbaren Wohnungen und insbesondere Sozialwohnungen. Einer, so fand eine Untersuchung des Berliner *Tagesspiegel* und der Recherchegemeinschaft *Correctiv* heraus, liegt darin begründet, dass 29 Prozent aller 1,5 Millionen Mietwohnungen der Hauptstadt in privatwirtschaftlichen Händen liegen. Ein Fünftel aller Berliner Mietwohnungen gehört Unternehmen, deren Hauptgeschäft Immobilien sind. Sechs von ihnen sind börsennotierte Aktiengemeinschaften, und die größten Aktieneigner sind Vermögensverwaltungen oder Investmentgesellschaften aus den USA und die Zentralbank von Norwegen, Norges Bank.[5] Mit Wohnungen wird Geld verdient, das weit über Mieteinnahmen hinausgeht.

Und auch wenn mein privates Umfeld, wenn die Gesellschaft weiß, dass es nicht nur mein persönliches Vergehen ist, in so einer kleinen Wohnung zu leben, sondern dass auch Faktoren wie internationale Investoren, an denen sich selbst die Politik die Zähne ausbeißt, und andere mächtige Kräfte dabei eine Rolle spielen, so gelangen fast alle Überlegungen – auch meine eigenen – am Ende zu dem Schluss, dass *ich* irgendetwas falsch gemacht haben muss, wenn ich mich in solch einer Situation befinde. Dass *ich* mich nicht genug bemüht habe. Faul bin.

Vielleicht gehört es sich auch einfach nicht, als Alleinerziehende unweit der Alster zu leben. Vielleicht hat man seinen Anspruch auf ein schönes, zentrales Wohnviertel mit der Trennung verwirkt. Vielleicht steht es nur jenen zu, die alles richtig gemacht haben. Die sich nicht trennen, auch wenn sie unglücklich sind, die, um irgendwie mithalten zu können in dieser Gesellschaft, so viel arbeiten, dass sie ihre Kinder kaum sehen und auch sonst nicht viel anderes machen, oder die Geld geerbt haben, das ihre Vorfahren erwirtschaftet haben.

Vor nicht allzu langer Zeit war ich gemeinsam mit einigen anderen Paaren bei der Familie einer Freundin meiner Tochter zum Kaffeetrinken eingeladen. Die Familie lebt in einem großen Haus, nur wenige Jahre alt und, ja wirklich, unweit der Alster. Im Garten gibt es einen Zugang zum Wasser, zu einem Arm der Alster. Alles in diesem Haus ist beeindruckend. Die klare Linie von schlichtem Design, hochwertige Armaturen und schwere, satte Möbel, an der Wand Fotos der Familie und Bilder. Das Licht gedimmt. Alles glänzt matt, nirgendwo liegt Staub, nichts liegt einfach herum, keine Strümpfe, die jemand vergessen hat, kein aufgeschlagenes Buch, kein vergessener Kaffeebecher. Alles ist wegsortiert, ordentlich. Oder alle Unordnung verborgen. Das Haus und seine Bewohner, die an diesem Nachmittag ohne Mühe zehn Personen in ihrem Wohnzimmer beherbergen konnten, ohne dass sich jemand eingeengt fühlen musste, ohne dass jemand zusammenrücken, auf jemand anderen Rücksicht nehmen musste, es flößte mir Ehrfurcht ein. In dem Sinne, dass ich nicht richtig sprechen konnte, mir keine Worte in den Sinn kamen, die in diesem Rahmen gepasst hätten. In dem Sinne, dass ich nur ein kleines Stück Kuchen aß, in dem Sinne, dass ich aufrechter saß. In dem Sinne, dass ich mich unwohl fühlte, ohne ganz zu verstehen, woher mein Unwohlsein rührte. Das ich mir erst viel später erklären konnte.

Die Anwesenden konnten über alles frei sprechen. Ihre Arbeit, ihr Haus, ihre Urlaube und Hobbys, ihre Leben. Sie verbargen nichts. Sie hatten keine Angst vor Ächtung. Auch ich war so groß geworden. Ich hatte mich nicht verbergen müssen. Auch ich hatte von meinen Urlauben und Hobbys erzählen können, von Ausstellungsbesuchen und Konzerten. Jetzt aber hing alles zusammen: die Tatsache, dass ich Solomutter von drei Kindern war, die Tatsache, dass ich einen Job ausübte, den ich schon in meiner Studienzeit begonnen hatte und der mich durch all die schwierigen Jahre der Trennung und mit kleinen Kindern getragen hatte, aber mich nicht in dem Sinne voranbrachte, dass er mir die Möglichkeit eröffnete, große Einnahmen zu haben. Die Tatsache, dass ich in einer kleinen Wohnung wohnte. Es war wie ein Knoten, der sich in meinem Körper bildete und mich meiner Sprache, meiner Worte beraubte. Ich sah keinen Weg, ihn zu entknoten. Alles war mit allem verbunden.

Wir wurden zu einer Haustour eingeladen, Räume schlossen sich an Räume an, Türen gingen auf und wurden wieder geschlossen, noch ein Badezimmer, hier das Bügelzimmer, in dem die Wäsche sortiert wird. Alles strahlte Sauberkeit und Ordnung aus. Nur im Zimmer der zweiten Tochter der Familie stand ein Bett schräg im Raum. Das Zimmer der damals Zwölfjährigen war locker so groß wie unsere halbe Wohnung, ungefähr 35 Quadratmeter. Die Vorhänge waren zugezogen, eine Wand ganz von Gegenständen und Möbeln frei geräumt. Sie wolle dort eine andere Farbe haben, sagte das Mädchen. Wisse aber noch nicht, welche. Grau vielleicht, oder doch lieber blau. »Unsere Tochter versucht sich gerade in einer Neudekorierung ihres Zimmers«, erklärte der Vater. Ich lächelte. Und nickte. Und werde seitdem den Gedanken nicht mehr los, dass das doch eigentlich für alle so sein sollte: dass Kinder Platz haben sollten, ihre Räume neu zu dekorieren. Sich auszuprobieren. Ihr Bett einfach mal schräg in den Raum zu stellen. Und nicht in winzigen Räumen zu leben, die kaum Raum zur Entfaltung bieten.

KAPITEL 14

Solo-Klassismus

In Gedanken kehre ich immer wieder in die Vergangenheit zurück und suche nach den Stellen, an denen ich eine vermeintlich falsche Abfahrt genommen habe. Es war doch alles da, denke ich: eine musikalische Ausbildung, ein gutes Abitur, ein guter Studienabschluss. Hätte ich den Rat der Eltern, etwas Ordentliches zu studieren, doch ernster nehmen sollen? Hätte ich doch Anwältin oder Ärztin werden sollen, einfach aus dem Grund, dass man dann vielleicht am Ende auf ein besseres Gehalt hoffen kann? Den Gedanken daran, dass man sich auch mit einem einfachen Anwaltsgehalt nicht solch ein wohldesigntes Haus und auch keine Fünfzimmerwohnung für 3,2 Millionen Euro würde leisten können, schiebe ich zur Seite.

Habe ich vielleicht viel zu lange studiert? Hätte ich nicht ins Ausland gehen, eine Zeitschrift mitgründen, mich ausprobieren sollen? Warum habe ich all die Jahre damit verbracht, diese schwere Sprache im Studium zu lernen, die ich doch nie vollständig werde beherrschen können? Hätte ich nicht viel zielstrebiger sein müssen? Hätte ich doch das Angebot der amerikanischen Firma, bei der ich neben dem Studium jobbte, annehmen sollen, das Studium schmeißen und europaweit Computerteile verkaufen sollen?

Die Partnerwahl hätte offensichtlich anders aussehen sollen. Vielleicht habe ich mir den Erhalt meiner Lebenssituation versagt, weil ich mir den falschen Partner ausgesucht habe. Keinen, den man nach der Düsseldorfer Tabelle groß belangen kann. Wo er, wäre er ein Topmanager oder Chef eines großen Unternehmens, viel Geld bezahlen müsste für die drei Kinder, die nicht bei ihm leben. Doch wie frei macht mich das in meinem Handeln, wenn ich mir den Partner danach aussuchen soll, dass er mich – und die zu dem Zeitpunkt der Partnerwahl noch ungeborenen, ja vielleicht noch ungedachten Kinder – später, im Falle einer Trennung, finanziell so ausstatten kann, dass alles passt?

Ist die Wahlfreiheit eine Illusion?

Die in Frankreich und Israel lebende und lehrende Soziologin Eva Illouz hat sich in *Warum Liebe weh tut* Gedanken darüber gemacht, warum wir welchen Partner wählen. »Die Wahl ist das entscheidende kulturelle Kennzeichen der Moderne, weil sie, zumindest in den Arenen der Wirtschaft und der Politik, den Gebrauch nicht nur der Freiheit, sondern auch von zwei Vermögen verkörpert, die den Gebrauch der Freiheit rechtfertigen, nämlich jener der Rationalität und der Autonomie.«[1] Unsere Kultur also suggeriert uns, dass wir – anders als in der Vergangenheit – frei wählen können. Dass wir uns für die Attraktivität eines Mannes entscheiden können und nicht unbedingt für seinen Status.

Eine freie Wahl zu haben, müsste aber implizieren, dass daraus keine Langzeitfolgen entstehen, wenn ich mich für einen Mann entscheide, der *nur* zur Mittelschicht, nicht aber zur oberen Mittelschicht gehört. So schreibt auch Illouz: »Wenn soziale Klassen und Gruppen keine formalen und formalisierten Mechanismen der

Partnerwahl mehr bieten, steht die Suche (und der Wettbewerb) jedermann offen.«[2] Aber wie wahr ist das? Wie oft ist eine Partnersuche nicht auch eine Frage des Status? Wie frei sind wir in unseren Entscheidungen?

Hätte ich mich gegen meinen Partner entscheiden sollen, da ich mir hätte ausrechnen können, dass ich, wenn wir drei Kinder haben und uns trennen (was ich zum damaligen Zeitpunkt unmöglich hätte wissen können), nicht genug Geld von ihm als Unterstützung bekommen würde, um mir ein sorgenfreies Leben zu ermöglichen? Wenn dem so wäre, dass wir bei einer Partnerwahl erst einmal alle Rechnungen der Zukunft durchrechnen müssten und Charakter und Attraktivität beispielsweise einfach ausblenden sollten, dann stellt sich unsere vermeintlich freie Partnerwahl als Illusion heraus.

Und vielleicht liegt die Illusion noch ganz woanders. Mache ich mir selbst etwas vor. Erwarte ich mehr von meinem Leben, als es mir geben kann. Suche ich Ansprüche geltend zu machen, die ich gar nicht einfordern kann. Weil ich gar nicht mehr in der Position dafür bin. Vielleicht gehöre ich schon lange nicht mehr der Mittelschicht an. Vielleicht liegt der vermeintliche Abstieg noch viel weiter zurück, habe ich nur den Schein gewahrt und wird mir nur jetzt in aller Deutlichkeit vor Augen geführt, dass alles ein Trugschluss ist.

Als ich 16 Jahre alt war, ging ich für ein Highschool-Jahr in die USA. Mein Vater, ein Architekt, brach zur gleichen Zeit ohne Familie – von meiner Mutter mit viel Unmut begleitet – zurück in den Osten auf. Es war das Jahr 1991, und im Osten Deutschlands gab es für viele Menschen mit ein wenig Kapital fantastische Möglichkeiten, Geld zu verdienen. Besonders in der Baubranche. Und hatte er, der die DDR 1984 verlassen hatte, nicht auch vielleicht noch den einen oder anderen Kontakt? Er schloss sein Büro im Schwarzwald und gründete ein neues Architektur- und Ingenieurbüro, stieg ein in die Renovierung und Restaurierung von alten Häusern. Es waren nicht nur einzelne Häuser, die nach der Wiedervereinigung im Osten saniert und restauriert werden mussten. Es waren ganze Straßenzüge, ganze Wohnblocks, ganze Innenstädte, ganze Viertel. Ein ganz unfassbarer Markt. Er suchte sich eine mittelgroße Stadt in Sachsen als Startpunkt. Schon bald hatte er ein Büro mit gut zwei Dutzend Mitarbeiter:innen. Eine Zeit lang lief es gut. Sehr gut sogar. Doch nach ein paar Jahren geriet etwas in Schieflage. Und nach teuren Urlauben, feinen Konsumgütern und einem großen Wagen kamen Schulden. Die Firma musste Konkurs anmelden. Noch zweimal suchte mein Vater – zunehmend verzweifelt – sie zu retten, steckte all sein Vermögen hinein, Versicherungen, Lebenspolicen, auch die seiner Kinder. Doch bei der dritten Insolvenz war Schluss. Irgendwie war es ihm nicht gelungen, genug Geld einzutreiben, um das Büro am Laufen halten zu können. Über die Gründe gibt es unzählige Geschichten. Auch die Insolvenzverwalter suchten sie aufzuspüren. Was tatsächlich zu dem Zusammenbruch geführt hat, war nie zu eruieren.

So gilt es nur, die Fakten festzuhalten: Mitten in der Studienphase meines Bruders und mir ging die Firma unseres Vaters pleite. So pleite, dass er praktisch alles verlor: seine Krankenversicherung, seine Altersvorsorge, seine Zukunftsplanung – und hätte er nicht meine Mutter gehabt, die in einem festen Job im Schwarzwald geblieben war, so hätte er vielleicht nicht einmal mehr das Mietshaus gehabt, in das er, nicht einmal sechzigjährig, zurückkehrte. Ein Schlag. Und doch ist es kein Einzelschicksal. Zehntausende Unternehmen müssen in jedem Jahr in Deutschland Insolvenz anmelden. Das sind zehntausende Schicksale und mehr. Und vielleicht hat nicht jeder einzelne Konkurs solch dramatische Folgen, aber im Umkehrschluss bedeutet es, dass nicht alle Wege schnurgerade verlaufen.

Mitten in meinem Studium musste ich also Möglichkeiten finden, mich selbst durch die letzten Jahre zu tragen. Musste einen Kredit aufnehmen – die für einen BAföG-Antrag erforderlichen Unterlagen konnte mein Vater nicht beibringen –, den ich heute noch zurückzahle. Auch wenn ich seit Beginn meines Studiums gearbeitet hatte, musste ich nun noch mehr arbeiten, um irgendwie über die Runden zu kommen. Und konnte aus diesem Grund vielleicht nicht das Versprechen einlösen, das mir mein Studium geschenkt hatte.

Eine weitere Illusion. Denn es reicht nicht, sich irgendwie mit Ach und Krach ein Studium zu finanzieren. Es reicht nicht, einen sehr guten Abschluss zu erhalten und mit viel Lob aus der Universität entlassen zu werden. Schon während des Studiums und danach müssen Schienen gelegt werden für berufliche Bekanntschaften. Müssen Praktika gemacht werden, müssen Fühler ausgestreckt werden. All dies sind zusätzliche Erfordernisse, die erst einmal Geld kosten, in die investiert werden muss. Ohne die eine Aussicht auf einen guten Job schwieriger wird. Es waren Dinge, die ich mir nicht leisten konnte. Während manch ein Kommilitone von Praktikum zu Praktikum sprang, gab es Tage, an denen ich nur Vollkornbrot mit Quark und Gurke aß. Sehnsüchtig darauf wartend, bald wieder kellnern gehen zu können, um mir von dem Trinkgeld, das ich verdiente, wieder etwas Ordentliches zu essen kaufen zu können.

Ich dachte irgendwie, dass ich nur durchhalten müsste bis zum Ende meines Studiums und dass es dann besser werden würde. Doch am Ende meines Studiums war ich so entkräftet, dass ich nicht einmal darüber nachdenken konnte, welche Art Praktikum ich als Nächstes in Angriff nehmen würde, welchen Job ich mir als

Nächstes anschauen würde. Wen ich nun anrufen würde. Ich war müde. Ich wollte mich eine Weile ausruhen. Kraft tanken. Panikattacken beschwerten mein Leben. Die Beziehung zu meinen Eltern verwuchs sich ins Unmögliche. Ich blieb auf der Teilzeitstelle, die ich während meines Studiums begonnen hatte. Dann lernte ich den Vater meiner Kinder kennen.

Gleich ist nicht immer gerecht

Und was bedeutet das für die Zukunft? Dass ich nie etwas an den Gegebenheiten werde ändern können, in die ich aufgrund verschiedener Umstände gelangt bin? Würde es nicht bedeuten, dass all jene, die schwerere Startbedingungen haben oder irgendwo auf dem Weg ins Straucheln geraten, kaum eine Chance auf ein gutes Leben haben? Kein Recht auf eine ausreichend große Wohnung, auf eine echte gesellschaftliche Teilhabe? Der Staat unterstützt Familien mit Kindern und er unterstützt Alleinerziehende. Er unterstützt Familien, die in Armut geraten sind, mit verschiedenen Maßnahmen. Es gibt Gelder, die man beantragen kann. Und doch reicht es nicht. Und vielleicht reicht es nicht, weil der Staat nicht präzise ist. Weil er nicht differenziert. Und weil die Unterstützung von Kindern in vielen verschiedenen Händen liegt: beim Jugendamt, beim Jobcenter und bei den Finanzämtern.

Man muss sich nur das Kindergeld anschauen. Es ist keine Sozialleistung, sondern eine steuerliche Ausgleichszahlung. Sie ist zunächst einmal für alle Kinder gleich hoch, ganz unabhängig vom Einkommen der Eltern. Menschen aber, die mehr verdienen, machen bei der jährlichen Steuererklärung statt des Kindergeldes den Kinderfreibetrag geltend, der ihnen deutlich mehr Steuerersparnis einbringt als das ausgezahlte und für alle gleich hohe Kindergeld.

Ganz unabhängig davon, ob sie alleinerziehend sind oder nicht, erhalten Eltern mit einem höheren Einkommen also mehr Unterstützung vom Staat.

Noch deutlicher wird diese Schieflage bei der Frage des Unterhalts. Eltern haben Kindern gegenüber Pflichten. Sie haben die Pflicht, sie zu pflegen, zu erziehen und zu beaufsichtigen. Derjenige Elternteil, bei dem das Kind lebt, erfüllt seine Pflicht durch die tägliche Fürsorge und Erziehung. Der andere Elternteil muss nach seinem Einkommen und dem Alter des Kindes Zahlungen zur Unterstützung von Pflege und Erziehung des Kindes leisten. Ganz generell könnte man an dieser Stelle einmal fragen, warum sich der Unterhalt an dem Gehalt des Vaters bemisst und nicht an den Bedürfnissen des Kindes. Die Frage des Unterhalts ist Grund für viele Gerichtsverhandlungen und Auseinandersetzungen. Ob und wie viel Unterhalt Personen (zu 90 Prozent sind es Väter, die unterhaltspflichtig sind) zahlen müssen, zermürbt viele Familien. Und nicht immer geht es um das Wohlbefinden der Kinder, sondern werden auf diesem Wege Machtspiele betrieben. Nicht selten unterstellen Väter den Müttern, nur aufs Geld aus zu sein. Und es nicht nur für die gemeinsamen Kinder, sondern auch für das eigene Wohlergehen zu nutzen. Um sich eine große Wohnung leisten zu können oder teure Urlaube. Manche Väter finden es unfair, dass sie die komplette finanzielle Last alleine tragen, obwohl die Kinder auch zeitweise bei ihnen leben.

Rechenspiel statt Kinderspiel

Im Sommer 2023 legte das Bundesjustizministerium einen Reformvorschlag für den Kindesunterhalt vor, nach dem Elternteile, die ihre Kinder zwar nicht gemeinsam betreuen, aber doch erheblich – im sogenannten asymmetrischen Wechselmodell – mitbetreuen, auch teilweise von der finanziellen Last entbunden werden sollen. Väter sollen nicht mehr die alleinigen Zahler sein. Ein guter Vorstoß des Ministeriums, drängt er doch auf ein differenzierteres Bild. Und doch ist es nur ein kleiner Prozentsatz von Männern, die sich in diesem Modell um die Kinder kümmern.

Auch die Zahl der alleinerziehenden Väter ist, wie schon beschrieben, klein im Gegensatz zu den Müttern: 85 Prozent der Soloeltern sind Mütter. Und diese Frauen sind häufig darauf angewiesen, dass der Unterhalt vom Vater für die Kinder regelmäßig gezahlt wird. Doch tatsächlich ist das in der Realität selten der Fall. Rund die Hälfte aller Väter zahlt gar keinen Unterhalt, und weitere 25 Prozent zahlen unregelmäßig oder nur anteilig. Was bedeutet, dass alleinerziehende Mütter häufig nicht nur die pflegerische, sondern auch die vollständige finanzielle Sorge tragen. Zahlt der Vater nicht, so springt der Staat – hier in Form der Jugendämter – Müttern mit dem sogenannten Unterhaltsvorschuss bei. Mehr als 800 000 Kinder werden auf diese Weise unterstützt. An sich eine gute Sache. Aber im Detail hat auch sie ein paar Haken.

So wird das Kindergeld (noch mal, hierbei handelt sich *nicht* um eine Sozialleistung, sondern eine steuerliche Ausgleichszahlung!) nicht – wie beim vom Vater bezogenen Unterhalt – hälftig, sondern voll angerechnet. Die Beträge des Unterhaltsvorschusses liegen deutlich unter dem, was der Vater zahlen müsste, käme er seinen Unterhaltsverpflichtungen nach. Dies gilt insbesondere dann, wenn das Gehalt des Vaters überdurchschnittlich ist. Jobbt das Kind regelmäßig, so wird dieses Einkommen auf den Unterhaltsvorschuss angerechnet und kann von dem Jugendlichen nicht selbstständig für Kino, Kleidung oder Partys ausgegeben werden – die Jugendlichen werden also in gewissem Sinne auch noch dafür bestraft, dass ihre Väter (oder in seltenen Fällen Mütter) keinen Unterhalt zahlen. Und bezieht die Mutter Bürgergeld, so kann sie nicht einmal den Unterhaltsvorschuss beantragen, da verschiedene Ämter dann Geld gegenrechnen müssten. Wird das Kind 18 Jahre alt, so wird der Vorschuss – anders als beim Kindergeld oder der (Halb-)Waisenrente – ersatzlos gestrichen. Und das ganz unabhängig davon, ob das Kind noch zur Schule geht.

Das Geld für den Unterhaltsvorschuss kommt von Bund und Ländern – und in manchen Fällen von den Kommunen. Es wird von den deutschlandweit 600 Jugendämtern ausgezahlt. Und obwohl es sich eigentlich um einen Vorschuss handelt, der die Väter in einem zweiten Schritt verpflichten würde, das Geld an den Staat zurückzuzahlen, werden durchschnittlich nur 20 Prozent der Gelder zurückgeholt.[3] Was einerseits daran liegt, dass es tatsächlich Väter gibt, die den Unterhalt nicht bezahlen können. Andererseits aber auch daran, dass die Jugendämter personell meist nicht gut ausgestattet sind und dort teilweise nicht nur die Fachkenntnisse für eine solche Rückholung fehlen, sondern auch die rechtliche Handhabe. Und das, obwohl es sich bei der Nichtzahlung von Unterhalt eigentlich um einen Straftatbestand handelt, der mit bis zu drei Jahren Gefängnis geahndet werden kann. Ein weiterer Grund für die laxe Handhabe könnte darin liegen, dass die Jugendämter selbst zwar den personellen Aufwand hätten, zugleich aber die Gelder nicht an sie, sondern an die Länder und den Bund zurückfließen würden.

Eine Gemengelage, in der vor allem Solomütter und ihre Kinder die Leidtragenden sind. Warum es denn so sei, dass der Unterhaltsvorschuss nur bis zum Ende des 17. Lebensjahrs gewährt wird, wollte ich wissen und schrieb verschiedene Ministerien und Parteien an. Und warum das Nichtzahlen des Unterhalts zwar als Straftatbestand gewertet würde, die Rückholquote des Vorschusses aber so gering sei? Bedeute das nicht, dass der Staat davon ausgehe, dass (vorwiegend) Väter ihrer Unterhaltsverpflichtung ohnehin nicht nachkämen? Und sei das vielleicht der Grund dafür, dass der an die Mütter ausgezahlte Betrag so niedrig sei? Könnte mit einer strengeren Handhabe nicht erreicht werden, dass Alleinerziehende stärker unterstützt werden könnten? Das angefragte Bundesjustizministerium verwies mich wegen Nichtzuständigkeit an das Familienministerium, von dem ich eine allgemeine, unpräzise Antwort erhielt. Eine Expertin antwortete mir, dies seien hochkomplexe juristische Fragen, für deren Beantwortung sie Zeit bräuchte, die sie aber nicht habe. Lediglich eine Partei meldete sich zurück mit dem Hinweis, man habe einmal darüber nachgedacht, einen Antrag einzureichen, in dem das »höchstmögliche Bezugsalter des Unterhaltsvorschusses« an das Kindergeld angeglichen würde. Warum der Antrag nicht eingebracht wurde, wurde nicht dargelegt.

Die Ordnung der Gesellschaft

Betrachtet man das Gesamtbild, so ist ziemlich deutlich zu erkennen, dass alleinerziehende Frauen mit Kindern nicht ausreichend Unterstützung erhalten. Dass sie finanziell benachteiligt werden – zum steuerrechtlichen Aspekt gleich noch mehr im nächsten Kapitel. In gewisser Weise tolerieren Staat und Gesellschaft auch heute, wenn sich Väter einfach aus der Verantwortung stehlen, da ihnen das mit den Kindern emotional, arbeitsintensiv und finanziell zu anstrengend wird. *War nicht die Frau diejenige, die die Kinder haben wollte? War die Frau nicht diejenige, die sich trennen wollte? Kann sie ja mal schauen, wie sie so klarkommt, alleine.* Das sind Sätze, die in diesem Zusammenhang immer wieder fallen. Warum der Unterhaltsvorschuss denn nur bis zum Ende des 17. Lebensjahres gezahlt würde, fragte eine befreundete Mutter Mitarbeiter des Hamburger Jugendamtes. Sie solle doch froh sein, dass sie überhaupt etwas bekomme, erhielt sie zur Antwort. Eine Erfahrung, von der mir auch andere Mütter berichten.

Betrachtet man die Historie von Alleinerziehenden und ihre Stellung in der Gesellschaft, so gelangt man recht schnell zu dem Gedanken, dass die unübersichtliche Lage, die dazu führt, dass Solomütter letztendlich benachteiligt werden, keine ungewollte ist. Findet sich hier vielleicht doch die Spur einer archaischen Ordnungsvorstellung, die wir überwunden geglaubt hatten? Vielleicht ist es doch so, dass Frauen auf diese Weise suggeriert werden soll, dass sie sich lieber nicht trennen sollten. Dass sie nicht frei entscheiden können, da sie sich und ihre Kinder, wenn sie nicht anders abgesichert sind, fast immer zwangsläufig in eine schwierige finanzielle Situation bringen. Würde das nicht bedeuten, dass wir gesellschaftlich nicht viel weiter sind als beispielsweise der Irak?

Dort beschloss die Mutter von Usama Al Shahmani eines Tages, ihren Mann zu verlassen. Sie nahm ihre vier Kinder und wollte zu ihren Eltern zurückkehren. Denn ihr Mann war hart. Ging es um etwas anderes als den Haushalt, so hatte sie – nach Auffassung ihres Mannes – zu schweigen. Sie solle sich um die Kinder kümmern, um den Haushalt und die Versorgung der Familie. Doch, für sie überraschend, nahmen ihre Eltern sie und ihre vier Kinder nicht auf. Sie solle Halt in ihrem Glauben finden und ihr Schicksal annehmen, empfahl ihr Vater. »Gegen ihren Mann zu sein war sinnlos und hätte bedeutet, gegen die Ordnung der Gesellschaft zu sein«, schreibt ihr Sohn, der Schriftsteller Usama Al Shahmani, in seinem autobiografischen Roman *In der Fremde sprechen die Bäume arabisch.*[4] Was sich wie aus einer anderen Zeit anhört, ist nur ein paar Jahrzehnte her. Shahmani, der wegen eines kritischen Theaterstücks aus dem Irak fliehen musste und seit 2002 in der Schweiz lebt, kam 1979 in Bagdad zur Welt.

Vielleicht ist es eben doch eine archaische, grundlegende Macht, die einer Solomutter entgegenschlägt. Die suggeriert, Kinder seien Privatsache. Ein Ordnungsgefüge, das sich allen Versuchen, es auszudehnen, es neu zu interpretieren, es im 21. Jahrhundert anders zu verstehen, widersetzt. Und das allen abweichenden, nicht konformen Teilen der Gesellschaft immer wieder ihre Anders- oder Fremdartigkeit vor Augen führt – nicht nur alleinerziehenden Müttern. Vielleicht ist es ein Selbsterhaltungstrieb. Eine immanente Angst der Gesellschaft davor, dass, würde jeder nach seiner *façon* leben, alles zusammenzubrechen würde. Jegliche Ordnung zerfallen. Das gesellschaftliche System ins Chaos gleiten. Zweifellos geht es dabei um Macht. Denn schließlich befinden wir uns in einem der reichsten Länder der Welt. Ist es aber nicht kurzsichtig, jene zu bestrafen, die in der Zukunft Verantwortung in dieser Gesellschaft übernehmen sollen? Muss die Gesellschaft nicht die Verantwortung für all ihre Mitglieder tragen und besonders jene stärken, die diese Gesellschaft in die Zukunft tragen werden? Die Kinder?

KAPITEL 15

Kinder sind eine Gemeinschaftsaufgabe

Die Sonne hatte den Mittagszenit überschritten, aber es war immer noch heiß. Strahlend blau leuchtete der Himmel. Unter den alten, hochgewachsenen Bäumen saß und stand ein kleines Grüppchen im Schatten und wartete. Mein Blick glitt über eine frisch gemähte Wiese, auf der die ersten Skulpturen einen Ausblick darauf gaben, um was es in den kommenden beiden Stunden gehen sollte. Riesenhafte geometrische Figuren, wie eingefroren in ihrer Bewegung. Übereinanderliegend und ineinander verschränkt. Kreisförmig, vertikal oder hoch aufgerichtet. Gebogene, verschlungene, kühn sich reckende dreidimensionale Linien aus gebogenem Vierkantstahl. *Arc,* nennt der Künstler Bernar Venet sie, Bogen.

In einem kleinen Golf Cart kommt eine schmale junge Frau angefahren, die, wie sie uns gleich erzählen wird, hier auf dem Gelände in diesem Sommer auch als Künstlerin arbeitet. Sie wird uns auf dem zweistündigen Rundgang begleiten, beginnt mit einer Einleitung. Dann laufen wir los, durchschreiten verschiedene Hallen und Gärten, betrachten Skulpturen und Installationen, auch anderer Bildhauerinnen und Konzeptkünstler, erhaschen einen Blick auf den Künstler, der vor einem der Gebäude eben im Wagen vorfährt.

Lernen, dass die Stahlbogen in Tschechien hergestellt werden. Sehen in einem Film, wie sie mit Kran und Gabelstapler installiert werden.

Bernar Venet kam 1941 keine hundert Kilometer von hier in Château-Arnoux-Saint-Auban in der nördlichen Provence zur Welt. Früh begann er, sich für die Kunst zu interessieren, mit 17 Jahren ging er nach Nizza an die städtische Schule für gestaltende Kunst, arbeitete im Anschluss als Bühnenbildner an der Oper von Nizza. 1966 zog er nach New York und begann, mit Asphalt und Teer zu arbeiten, was ihm erste Erfolge bescherte. Berühmt wurde er mit seinen Stahlskulpturen, die er ab Ende der 70er-Jahre entwarf und die sich heute weltweit auf vielen öffentlichen Plätzen finden. 1989 erwarb er das Haus mit ausgedehntem Park in Le Muy, einem unscheinbaren, kaum 10 000 Einwohner zählenden Ort im Süden Frankreichs. Seit 2014 ist die Venet Foundation auch für die Öffentlichkeit zugänglich. Heute zählt Bernar Venet zu den herausragendsten Künstlern der Gegenwart.

Ein Sonderprojekt bei meiner Arbeit hat es uns ermöglicht, auch in diesem Jahr wieder in den Süden Frankreichs zu fahren. Wochenlang habe ich gearbeitet, damit wir uns das hier leisten können: ein paar Wochen in der Wärme, ein paar Wochen ohne Alltag. Schwimmen und Schnorcheln im Mittelmeer, Flanieren am Hafen von Saint-Tropez und auf der Promenade des Anglais in Nizza und das Erleben von Kunst. Kaum eine Region bietet solch eine Vielfalt an Ausstellungen und Museen, an Installationen und Galerien. Wohldosiert zwischen Abendmärkten und Strandausflügen, kann ich auch meine Kinder dafür begeistern. Was einerseits willkommene Ablenkung und Erholung ist, ist anderseits die Öffnung des Horizonts. Kehren die Gedanken doch auch Wochen später immer wieder auf das fünf Hektar große Gelände der Venet Foundation zurück, spüren dem Gefühl nach, das diese Stahlbogen ausgelöst haben. In ihrer Mächtigkeit und zugleich ihrer Leichtigkeit, mit der sie sich der Gravitation zu entheben suchen. Sich stolz bis zu 20 Meter hoch aufreckend, trotzig verharrend in ihrer Bewegung.

Das Versprechen

Hier, im Sommer in der Provence, löst sich ein Versprechen für mich ein. Ich bin angekommen. Ich habe etwas erreicht. Und ich kann das Erreichte genießen. Das Versprechen ist von niemandem ausgesprochen worden. Und doch ist es vorhanden. Es ist auch nicht definiert worden. Für unterschiedliche Menschen bedeutet es verschiedene Dinge. Nicht jeder wird Erfüllung in der Betrachtung von Stahlkonstruktionen finden. Nicht jeder wird es als Freiheit empfinden, 1 500 Kilometer mit dem Auto durch Europa zu düsen, durch die Tunnel der Schweiz, über die flache Agrarlandschaft Norditaliens bis an die Mittelmeerküste. Und weiter auf der italienischen Autostrada A 10, auch *Autostrada dei Fiori* genannt – der »Autobahn der Blumen« – durch unzählige Tunnel bis nach Frankreich an die Côte d'Azur. Im Kern geht es bei diesem Versprechen nicht um das Autofahren oder das Betrachten von Kunst. Sondern darum, die Freiheit zu haben, mit seinem Leben anzustellen, was man möchte. Die Möglichkeit zu haben, mit eigener Hände Arbeit Unabhängigkeit zu erlangen. Das Recht auf ein – unabhängig von meiner Herkunft – selbstbestimmtes Leben. Es geht darum, den Staat und die Gesellschaft als Partner an seiner Seite zu wissen, nicht als Unterdrücker oder Ausbeuter. Es ist das zentrale Versprechen des Westens.

Ich habe dieses Versprechen als Kind in der DDR als Hoffnung kennengelernt. Der Westen, das war nicht nur der Ort von materiellem Überfluss, an dem man an jedem einzelnen Tag Schokolade und Orangen essen konnte, wenn man Lust hatte. Der Ort, an dem man einfach ein Auto kaufen oder sich ein Telefon installieren lassen konnte – Dinge, die im Osten Deutschlands manchmal Jahre dauerten. Ein Ort, an dem man einfach in einen Baumarkt gehen konnte, wenn man Dachziegel brauchte – während es in der DDR nicht einmal Baumärkte gab. Mehr noch als ein materielles Versprechen aber war das Versprechen eines der persönlichen und ökonomischen Freiheit. Einer Freiheit, die es jedem Einzelnen erlaubte, frei seine Meinung sagen oder sich einfach in ein Auto oder Flugzeug setzen zu können und zu reisen, wohin man wollte – ganz unabhängig davon, ob man zum sogenannten Reisekader gehörte und sich durch besondere Unterwürfigkeit und Geschmeidigkeit dem Staat gegenüber ausgezeichnet hatte. Die es erlaubte, nicht in Gemeinschaftsbetrieben eingebunden zu sein, sondern selbstständig arbeiten zu können. Dinge, anders als im vorgelebten Sozialismus, selbst besitzen zu können. Dass mit dieser Freiheit der Selbstständigkeit auch die Gefahr des Scheiterns verbunden war, erschloss sich mir erst später. Und selbst dann ging ich davon aus, dass man, mit etwas Unterstützung, wieder auf seine Füße gelangen und neu starten können würde. Das nächste Wagnis eingehen können würde.

Manchmal scheint es, als sei dieses große Versprechen hinter dem nächsten Handyvertrag oder der nächsten Versicherung verschwunden, verberge sich hinter Sicherheiten, die manchmal auch Unfreiheiten bedeuten. Als werde es aufgefressen von dem Wandel, der unsere Welt ergriffen hat, dem Klimawandel, dem Krieg in der Ukraine, die drohen, viele unserer Freiheiten massiv einzuschränken. Aber noch ist das Versprechen da.

Es war dieses Versprechen, das meine Eltern dazu brachte, wenige Tage nach meiner Einschulung im September 1981 und meinem damit einhergehenden Eintritt in die Jugendorganisation der

DDR, die Jungpioniere, den ersten von mehreren Ausreiseanträgen zu stellen. Sie wollten ihre Kinder nicht diesem Staat schenken. Sie wollten ihre eigene Kraft nicht mehr diesem Staat schenken. Sie wollten reisen und die Welt sehen, sie wollten die Ergebnisse und Erfolge ihrer Arbeit selbst beanspruchen und nicht konforme Teilchen eines Systems sein. Drei Jahre nach dem ersten Antrag und viele Auseinandersetzungen und Drangsale später, nach weiteren Anträgen, konnten sie die DDR im März 1984 mit vier Koffern und ihren beiden Kindern als politische Flüchtlinge verlassen.

Es ist das Versprechen, wie die Lektorin Maria Barankow und der Journalist Christian Baron in *Klasse und Kampf* schreiben, »wonach jeder es schaffen kann, aus eigener Kraft zu einem Gewinner zu werden«.[1] Es ist das Recht auf freie Entfaltung der Persönlichkeit. Das Recht, sich selbst zu suchen, wieder zu verwerfen, neu anzufangen und das Alte immer als Erfahrung in sich zu tragen. Die eigene, ganz persönliche Freiheit zu finden, zu lieben, wen man möchte, zu arbeiten, was und wo man möchte, zu wohnen, wo man möchte. Doch das Versprechen lässt sich »heute immer weniger einlösen«, schreiben Barankow und Baron.[2]

Rolle rückwärts

Nach dem Zweiten Weltkrieg war die deutsche Gesellschaft großen Bewegungen ausgesetzt. 12 Millionen Vertriebene kamen aus den ehemaligen Ostgebieten nach Deutschland und mussten integriert werden. Im Westen stellten sie 16,5 Prozent der Bevölkerung, in Ostdeutschland sogar ein Viertel. Diese Integration war alles andere als einfach. »Es braute sich in den deutschen Landen eine toxische Mixtur zusammen aus Rassismus, Hartherzigkeit und aggressiver Solidaritätsverweigerung. Die Alliierten befürchteten einen

Bürgerkrieg«, schreibt die Historikerin Hedwig Richter in *Demokratie.*[3]

Zugleich wurden aufgrund des Arbeitskräftemangels während des wirtschaftlichen Aufschwungs in den 50er- und 60er-Jahren Menschen aus Ländern wie Italien, Griechenland, Spanien, Portugal und der Türkei zur Arbeit angeworben. Die zunächst nach einem Rotationsprinzip für jeweils drei Jahre hatten bleiben sollen, doch oftmals viel länger blieben, manche von ihnen für immer. Der Arbeitskräftemangel war ein lang anhaltender, und aus dem Arbeitsland wurde langsam eine neue Heimat. Menschen holten ihre Familien nach. Ihre Partner. Bekamen Kinder. Kinder, die in die Schule mussten. Sie blieben. Eröffneten Läden, in denen sie Lebensmittel aus ihren Herkunftsländern feilboten. Gründeten Unternehmen, die auch Deutschen Reisen in die alte Heimat ermöglichten. Gründeten Restaurants, Bistros und Imbisse und bereicherten so die kulinarische Landschaft mit fremden Gerüchen und Zutaten, Gerichten und Zubereitungen, die bald nicht mehr wegzudenken waren. Auch wenn die deutsche Gesellschaft noch lange brauchen würde, um es auszusprechen, so war aus ihr eine Einwanderungsgesellschaft geworden.

Es waren Jahre des Wirtschaftsbooms, in denen viele Menschen gutes Geld verdienten, der Sozialstaat ausgebaut werden konnte, Deutsche es sich zum ersten Mal in großer Zahl leisten konnten, in den Urlaub zu fahren. Nach Italien. An die Riviera. An die Côte d'Azur.

Auch ein anderer, innergesellschaftlicher Wandel, von dem schon die Rede war, ergriff die Gesellschaft in den 60er-Jahren. Studierende gingen – anfangs in den USA, dann auch in Europa und in anderen Teilen der Welt – gegen das autoritäre Gesellschaftssystem auf die Straße und forderten nicht nur eine Reform der Universität, sondern eine demokratischere Gesellschaft. Die Partei der Grünen wurde gegründet, Bürgerinitiativen formten sich, der Weg wurde bereitet für andere Formen des Zusammenlebens, für die Liberalisierung der Sexualität, für die Rechte der Frauen und Kinder, für eine Aufmerksamkeit auch der Umwelt gegenüber.

Doch etwas Wundersames geschah. Denn während sich traditionelle Strukturen vermeintlich auflösten, wurde die Gesellschaft keine gleichberechtigtere. Das Gegenteil war der Fall. Der Wegfall der früheren Möglichkeiten der Abgrenzungen führte dazu, dass »die klassifizierenden Merkmale von Ungleichheit subtiler und differenzierter« wurden, wie der Soziologe Sighard Neckel schon 1991 in *Status und Scham* schrieb.[4] Während die Gesellschaft also auf eine Weise gleicher wurde, die »sozialen Positionen enger beieinanderliegen«, verstärkten sich zur gleichen Zeit die Konkurrenzkämpfe um Selbstbehauptung und Überlegenheit, um Anerkennung und um den kleinen Vorteil. Sie waren nur nicht mehr so offensichtlich.

Dieser Trend verstärkte sich noch, als die Berliner Mauer fiel. Als die DDR sich auflöste und mit der Auflösung des Landes, mit der Wiedervereinigung der beiden ungleichen deutschen Teile noch mehr Menschen mit anderen Biografien, anderen Werdegängen und ungleich weniger Finanzkraft sich zu behaupten suchten. Und weitere Menschen in großen Gruppen kamen: Während des Jugoslawienkrieges in den 90er-Jahren waren es rund 350 000 Geflüchtete, die hier eine neue Heimat suchten und fanden, in den Jahren 2015/16 mehr als eine Million Schutzsuchende vorwiegend aus den kriegsgebeutelten Ländern Irak und Syrien. Und seit dem 24. Februar 2022 sind aus der Ukraine über eine Million Menschen nach Deutschland gelangt. Es ist nicht abzusehen, wie lange sie hierbleiben werden. Viele vielleicht für immer.

Am unteren Rand der Gesellschaft

Während es normaler geworden ist, dass gleichgeschlechtliche Paare Kinderwagen schieben, dass Frauen Kanzlerinnen werden oder Außenministerinnen und große Firmen leiten und man auch in Spitzenrestaurants veganes Essen bestellen kann, werden immer mehr Menschen an den Rand gespült, nach unten gedrückt. Wird immer mehr Menschen in unserer Gesellschaft die Möglichkeit der Entfaltung verwehrt. Verlieren immer mehr Menschen den Anschluss. Öffnet sich die Schere zwischen Arm und Reich immer weiter. In diesem System wird die Alleinerziehende – wenn sie nicht durch glückliche Umstände finanziell abgesichert ist – unten einsortiert. Die Frage, ob die Gesellschaft Angst vor Chaos hat, sie stellt sich schon gar nicht mehr. Sie ist schon beantwortet worden. »Unter der Oberfläche einer scheinbar stabilen Gemeinschaft erodieren seit Langem die Pfeiler der sozialen Integration, mehren sich Abstürze und Abstiege«, schreibt der Soziologe Oliver Nachtwey in *Die Abstiegsgesellschaft.*[5]

Gefühlt aber leben wir immer noch in einer Ordnung, in der jeder Chancen hat. Wir wollen *glauben,* dass sich eine Demokratie und der Sozialstaat von anderen Gesellschaftsformen unterscheiden, dass allen Menschen die gleichen Möglichkeiten der Entfaltung offenstehen. Dies ist ein zentrales Versprechen unserer Gesellschaft. Dass Menschen mit weniger Einkommen genauso viel Mitspracherecht haben wie Menschen, die über ein Vermögen verfügen. Dass Menschen, die erst seit ein paar Jahren in diesem Land leben, es genauso mitprägen können wie jene, die auf eine lange deutsche Familiengeschichte zurückblicken können. Und vielleicht wollen wir es auch nur glauben, um unser Gewissen zu befreien. Denn solange wir auf der Gewinnerseite stehen, können wir uns vormachen, dass wir das alles ganz alleine geschafft haben und dass es aus diesem

Grund auch jeder und jedem anderen freisteht, diesen Weg zu gehen. Dabei ignorieren wir, dass Güter nur begrenzt zur Verfügung stehen. Dass es eben nur einen Chefposten gibt und wenige Spitzenposten mit entsprechendem Gehalt. Nur eine begrenzte Anzahl politischer Ämter. Nur eine begrenzte Anzahl von Wohnungen und Häusern in guten Wohngegenden. Dass von manchem Sportwagen gar nur ein paar Hundert Exemplare fabriziert werden, um an handverlesene, akribisch ausgesuchte Käufer verkauft zu werden. Um Exklusivität zu wahren, um einen künstlichen Mangel zu erzeugen, der dazu führt, dass nicht alle in den Genuss dieses Fahrzeuges kommen.

Dieses Prinzip von Leistung, nach dem jeder, der sich anstrengt, auch etwas erreichen kann, entwickelte sich im 19. Jahrhundert mit dem Aufstieg des Bürgertums in einer Welt, die lange durch ständische Prinzipien und aristokratische Privilegien geprägt gewesen war. »Der Besitz, das Einkommen oder die soziale Stellung sollten weder durch das ständische Herkunftsprinzip noch durch askriptive Merkmale wie Hautfarbe oder Geschlecht bestimmt werden, sondern das Resultat eigener Arbeit und Leistung sein«, schreibt Oliver Nachtwey.[6] Viele Jahre lang galt: Wer sich anstrengt, wer Leistung erbringt, der wird etwas erreichen können. Doch dieses liberale Leistungsprinzip hat sich in jüngster Zeit verschoben – nicht nur mit der Generation der Erben, die schon in jungen Jahren ungleich mehr finanzielle Möglichkeiten hat als manch einer, der sein Leben lang hart arbeitet. Es zählt nicht mehr der Aufwand, sondern das Ergebnis: »Zum zentralen Bewertungsmaßstab des Erfolgs wurde – in einem monströsen Akt der Selbstreferenzialität – der Erfolg selbst«, schreibt Nachtwey. »Damit ist der Manager aufgrund seiner Position in der gesellschaftlichen Hierarchie ein Leistungsträger, unabhängig von seinen tatsächlichen Leistungen. Die Krankenschwester, die verantwortungsvoll und mit hohem persönlichen

Einsatz sieben Tage die Woche arbeitet, gilt nicht als Leistungsträgerin – weil sie keinen Erfolg hat.«[7] Zugleich beobachtet der Soziologe Heinz Bude, wie er in dem gleichnamigen Buch *Solidarität* schreibt, wie diese sich auflöst und verschiebt: »Eine Solidarität der Etablierten erhebt sich über eine Solidarität der Außenseiter.«[8]

Und schon längst ist dieser Konkurrenzkampf kein exklusiv deutscher mehr. Hat sich nicht nur die innerdeutsche Gesellschaft verändert, sondern sind auch die Vernetzungen nach außen weiter fortgeschritten. Arbeiten große Firmen nicht mehr nur an einem Standort. Ist die Vernetzung europäisch, weltweit, global. Ein Arbeitgeber kann ohne Hürden Arbeitnehmer aus anderen EU-Staaten einstellen, und in den Vorstandsetagen deutscher Aktienunternehmen sitzen Manager und (immer noch deutlich weniger) Managerinnen aus den USA, Italien, Neuseeland und Großbritannien.

In diesem Konkurrenzkampf haben offensichtlich diejenigen, die schwierige Startbedingungen hatten, die später dazugekommen sind oder denen auf der langen Strecke irgendwann die Puste ausgeht, sei es, weil sie krank werden, sei es, weil sie plötzlich drei Kinder alleine großziehen, ungleich weniger Chancen. Die bisweilen offenen Arme der Gesellschaft können, wie der aus dem Irak stammende Usama Al Shahmani schreibt, nicht darüber hinwegtäuschen, dass es schwierig ist, »in einem System, wo alles dicht verknüpft und verbunden ist, eine Lücke zu finden, in die ein Fremder hineinschlüpfen kann«.[9]

Vielleicht ist unsere Gesellschaft kapitalistischer, als wir es wahrhaben wollen. Denn solange wir funktionieren, solange wir keine Kinder haben, solange wir gesund sind, können wir Teil des Rennens sein. Können konkurrieren und für uns selbst kämpfen. Doch wenn wir Kinder bekommen (nicht nur, wenn wir sie alleine versorgen), Eltern pflegen, selbst krank werden, unseren Job verlieren, wenn die Firma, bei der wir arbeiten, Konkurs geht, dann hoffen wir, dass der Staat einspringt und uns unterstützt. Schließlich geben wir einen großen Teil unseres Lohnes in Form von Steuern und Versicherungen ab. Und der Staat unterstützt, aber er tut es auf eine Weise, die es bisweilen schwierig macht, manchmal gar unmöglich, wieder – oder überhaupt – auf die eigenen Beine zu kommen. Dies gilt insbesondere für Kinder, die in Armut aufwachsen.

Die Ausgaben des Staates für Sozialhilfe sind in den vergangenen Jahren deutlich angestiegen. Betrugen sie 2005 noch rund 7,5 Milliarden Euro, so waren es im Jahr 2019 13,5 Milliarden Euro. Der größte Posten war im Jahr 2019 die Grundsicherung im Alter und bei Erwerbsminderung. Zugleich veröffentlichte das Statistische Bundesamt im Jahr 2023 Daten, aus denen hervorgeht, dass rund ein Viertel aller Kinder und Jugendlichen in Deutschland von Armut und in der Folge von sozialer Ausgrenzung bedroht ist – das sind knapp 2,2 Millionen Kinder und Jugendliche unter 18 Jahren. 2,2 Millionen Schicksale. In einem Land wohlgemerkt, das zu einem der reichsten Länder der Welt gehört.

Mehr als Mitleid und Almosen

Armut im Kindesalter ist nicht etwas, das vorübergehend ist. Das sich auflöst, wenn man endlich erwachsen geworden ist. Armut geht einher mit Ausgrenzung. Mit Selbstzweifeln. Mit dem Gefühl, nichts wert zu sein. Die Begleitumstände der Armut schaffen nicht die Voraussetzungen dafür, dass aus armen Kindern erfolgreiche, gesunde, selbstbewusste Erwachsene werden. Im Gegenteil: »Unzählige wissenschaftliche Studien zeigen, dass Kinderarmut für die meisten Kinder ein Trauma darstellt, das sie ihr Leben lang prägt«, erklärt der Ökonom und Präsident des Deutschen Instituts für Wirtschaftsforschung Marcel Fratscher. »Armut bedeutet weniger soziale Teilhabe und geringere Bildungschancen sowie eine höhere Wahrscheinlichkeit, keinen Schulabschluss oder keine Ausbildung zu erhalten.«[10]

Muss ein Sozialstaat nicht Bedingungen schaffen, in denen alle Kinder sich materiell relativ unbeschwert entwickeln können? Kommt die Etablierung dieses Zustandes am Ende nicht gar dem Staat zugute, wenn er, statt abhängige Bürger, die er ein Leben lang finanziell unterstützen muss, selbstbewusste Bürger hat, die mit Stolz auf das Geschaffene und Erreichte schauen können? Und gilt das nicht auch für Alleinerziehende? Menschen also, die für ein Stück des Weges Unterstützung brauchen, damit nicht nur sie, sondern auch ihre Kinder am Ende der Kindheit (wieder) auf eigenen Füßen stehen können? Hat der Staat nicht eine Verantwortung, die ihm am Ende auch selbst zugutekommt?

Kinder sind kein Privatvergnügen, auch wenn sie eine Weile nur bei der Familie leben. Kinder sind eine gesellschaftliche Aufgabe. Denn je besser vorbereitet und mit Selbstbewusstsein ausgestattet, mit guten Voraussetzungen ausstaffiert ein Kind ist, umso kreativer, verantwortlicher, gesünder wird die Gesellschaft der Zukunft sein. Wir alle befinden uns in einem fortlaufenden Prozess, in dem wir vom Kind zum Erwachsenen und dann zum alten Menschen werden. Von hilfsbedürftig zu leistungsfähig und wieder zu hilfsbedürftig. Aus diesem Grund kann sich eine Gesellschaft nur wünschen, so viele leistungsfähige Menschen herauszubilden wie nur möglich. Und mit leistungsfähig ist nicht gemeint, dass alle Menschen Topmanager werden müssen. Sondern, dass sie für sich selbst sorgen können. Dass sie arbeiten und gesund sind. Dass sie gutes Essen haben. Ausreichend Platz zur persönlichen Entfaltung. Dass sie glücklich sind. Dass sie genug Kapazitäten haben, um sich nicht nur mit sich selbst und ihrem Schicksal zu beschäftigen, sondern auch Neugier und Energie für die sie umgebende Welt, die Gesellschaft, die Umwelt, die Politik, die Geschichte, die Kultur entwickeln können.

Für Alleinerziehende bedeutet das, gut durch diese Jahre zu kommen. Alleinerziehend ist man nicht für immer. Für ein paar Jahre, in denen man alleine in dieser brutalen Verantwortung steht, brauchen manche Soloeltern vielleicht finanzielle Unterstützung und Hilfe. Einen Mindestbetrag, mit dem man das Leben mit Kindern bestreiten kann, der es ihnen und ihren Kindern ermöglicht, wirklich *teilzuhaben* an der Gesellschaft. Ohne noch mehr Stolz einzubüßen, ohne zu Hilfesuchenden zu werden. Ohne sich entschuldigen zu müssen. Um so auch die Voraussetzungen für die Zeit danach zu schaffen, in der man wieder auf eigenen Beinen steht und sich vorwiegend nur um sich selbst kümmert. Um von der Zeit als Solomutter oder Solovater nicht für immer geprägt und beschwert zu sein. Auch um Kinder großzuziehen, die von dieser Zeit nicht für immer geprägt sein werden.

Oft aber haben Alleinerziehende das Gefühl, nicht genug von dieser Unterstützung zu erfahren oder, im Gegenteil, als undankbare Bittsteller behandelt zu werden. Statistisch gesehen sind – wie schon beschrieben – Ein-Eltern-Familien die Familienform mit dem mit Abstand höchsten Armutsrisiko. Im Vergleich zu anderen europäischen Ländern nimmt Deutschland gar – laut einer Studie der Bertelsmann-Stiftung – einen der »letzten Plätze im europäischen ›Ranking‹ ein«.[11] Die hohe Armutsgefährdung alleinerziehender Mütter lasse vermuten, so Ulrike Zartler, seit 2022 Professorin für Familiensoziologie an der Universität Wien, »dass es sich nicht nur ökonomisch vorteilhaft auswirkt, ein Kind im Rahmen einer (heteronormativen) Partnerschaft aufzuziehen, sondern dass es gesellschaftlich nicht vorgesehen ist, Mutterschaft unabhängig von dieser zu leben«.[12] Werden Frauen dafür bestraft, dass sie ihre Kinder allein großziehen wollen oder müssen?

Es zeige sich, so die Studie zu Alleinerziehenden der Bertelsmann-Stiftung, »dass in Deutschland die Belastung der Einkommen der Alleinerziehenden mit Steuern und Sozialabgaben außergewöhnlich hoch« ist. 1958 wurde in Deutschland das Ehegattensplitting eingeführt, das verheirateten Paaren – unabhängig davon, ob sie Kinder haben oder nicht – einen Steuervorteil verschafft. Zugleich erkannte der Gesetzgeber schon damals an, dass Alleinstehende mit Kindern »regelmäßig zu erhöhten Aufwendungen für Wohnung und Haushalt« gezwungen sind. Aus diesem Grund wurde zeitgleich mit dem Ehegattensplitting ein Haushaltsfreibetrag für Alleinerziehende geschaffen, ein relativ hoher Betrag, der einem zweiten Grundfreibetrag für einen Erwachsenen entsprach. Dieser Haushaltsfreibetrag fiel allerdings einer Entscheidung des Bundesverfassungsgerichts vom 10. November 1998 zum Opfer. »Geklagt hatten zwei ehemals alleinerziehende Elternteile, die sich nach der Eheschließung steuerlich schlechter standen als zuvor: Als voll berufstätige Ehegatten konnten sie weder von dem Ehegattensplitting profitieren noch konnten sie weiterhin den Haushaltsfreibetrag geltend machen. Das BVerfG befand daraufhin, dass durch den Haushaltsfreibetrag für Alleinerziehende solche Erziehungsgemeinschaften der ehelichen Erziehungsgemeinschaft gegenüber bevorzugt würden.«[13]

Der Haushaltsfreibetrag wurde stufenweise abgeschafft und durch einen Entlastungsbetrag für Alleinerziehende ersetzt, der zunächst um die Hälfte niedriger lag als der Haushaltsfreibetrag und erst in der Coronazeit deutlich gestiegen ist. Was jedoch nicht bedeutet, dass Alleinerziehende verheirateten Eltern steuerlich gleichgestellt sind: »Hinter die ursprüngliche Forderung des BVerfG, den Alleinerziehenden im Steuerrecht als Ausgleich zum Ehegattensplitting wenigsten einen zweiten Erwachsenen-Grundfreibetrag einzuräumen, bleibt der gegenwärtige Rechtszustand weit zurück.«[14]

Mareice Kaiser, Journalistin und Autorin des Buches *Wie viel: Was wir mit Geld machen und was Geld mit uns macht,* errechnete gar, dass ein heterosexuelles Ehepaar, bei dem der Mann 45 000 Euro verdient und die Frau nichts, nach dem Ehegattensplitting 7 700 Euro Steuern zahlen müsste. Eine Alleinerziehende mit zwei Kindern aber zahle bei gleichem Einkommen 12 400 Euro Steuern, also 4 700 Euro mehr als das Paar.[15]

»Eine Frau ohne Mann ist ein Affront«, schreibt die Münchner Journalistin und Autorin Michèle Loetzner, nach eigener Auskunft in dritter Generation alleinerziehend, in einem viel beachteten Essay für das Magazin der *Süddeutschen Zeitung.* »Wer einen Mann verlässt, der überlässt ihn schutzlos der Unvereinbarkeitsrealität. Und sich selbst der Armut. Man muss nicht an Verschwörungen glauben, um hier einen Zusammenhang zu sehen. Es ist eine politische Vernachlässigung mit System.«[16]

Schaut man sich die ökonomischen Implikationen an, die der Status des Alleinerziehens mit sich bringt – und die man besonders hart spürt, wenn der Partner für den Unterhalt der Kinder nicht mehr aufkommen will oder kann –, schaut man in manch europäisches Nachbarland zum Vergleich, so drängt sich das Gefühl auf, das Gelingen liege nicht nur im eigenen Ermessen. Mehr noch: Das Gelingen werde von außen nicht nur nicht gefördert, sondern an manchen Stellen gar unterdrückt. Warum ist das so? Hält sich die Vorstellung von Familie nur in der Version von Mutter-Vater-Kind(er)? Und bedeutet das nicht, dass der vermeintlich freiheitliche Sozialstaat vielmehr einer ist, der seine Mitglieder gängelt, indem er ihnen auf die eine oder andere Weise zu verstehen gibt, dass es wünschenswerte und weniger wünschenswerte Konstellationen gibt, in denen man leben sollte?

Ich aber bin mit einem Versprechen groß geworden. Es ist ein Versprechen, das ich vielleicht deutlicher sehe, da ich es als Hoffnung kennengelernt habe. Ich glaube nicht, dass es sich um ein hohles Versprechen handelt. Sondern um ein machtvolles. Meine Familie hat Entbehrungen auf sich genommen, um Teil dieses Versprechens zu werden. Der Staat hat eine Verantwortung für mich und meine Situation. Ich zahle Steuern und Abgaben, damit er *auch mich* in einer schwierigeren Situation unterstützt. Ich bin keine Bittstellerin – genauso wie andere Solomütter keine Bittstellerinnen sind. Wir benötigen kein Mitleid und keine Almosen. Sondern Wertschätzung, Anerkennung und Solidarität.

KAPITEL 16

Nichts ist für immer. Von magischen Momenten

Kurz nach der Geburt meiner Zwillingssöhne schlurfte ich eines Nachts über den Gang des Krankenhauses zu einem Zimmer, in dem eines der Babys untersucht werden sollte. Mir kam eine Gestalt entgegen, zusammengefallen, müde, an die ich mich vage erinnern konnte. Ein alter Bekannter aus dem Studium, wir hatten uns in den vergangenen Jahren aus den Augen verloren. Es stellte sich heraus, dass er mit seiner Frau – ebenfalls eine Bekannte aus dem Studium – im Zimmer neben dem meinen lag und sie einen Tag vor der Geburt meiner Zwillinge ebenfalls Zwillinge zur Welt gebracht hatten. Bald darauf traf ich auch sie wieder. Es war der Beginn einer Freundschaft, die bis heute anhält.

Meine Freundin bekam anderthalb Jahre nach ihren Zwillingen einen weiteren Sohn, sodass wir insgesamt sechs Kinder im Abstand von nur vier Jahren haben. Wir trafen uns nicht häufig, da wir in verschiedenen Teilen der Stadt lebten und die Vorbereitungen zu einer Fahrt außerhalb des kleinen alltäglichen Bewegungsradius sich damals so anfühlten, als bräche man zu einer Safari auf. Wenn wir uns trafen, mit unseren Zwillingen in den Zwillingskinderwagen und jeweils noch einem weiteren Kind, mit Bergen von Bällen und Trinkflaschen und Windeln und Reiswaffeln und geschnittenen Äpfeln, mit Rollern und Sandspielzeug, um spazieren zu gehen an der Alster oder später einen Spielplatz zu besuchen, dann war es oft so, dass wir uns stundenlang sahen und kaum ein Wort miteinander wechselten. Weil immer irgendein Kind geschaukelt werden musste, aus dem Sand gehoben, aus einer Rutsche befreit, an einer Kletterwand unterstützt oder den Ball *jetzt* zuspielen wollte, hungrig oder durstig war oder eine Schürfwunde hatte, die eilig versorgt werden musste. Meist kamen wir schweißgebadet vom Spielplatz. Konnten die Kinder noch mit einem Eis und ein paar Nudeln glücklich machen, bevor wir uns umarmten und wieder verabschiedeten. Wir gehörten nicht zu den Eltern, denen es langweilig wurde auf dem Spielplatz. Manchmal fanden wir keine Zeit, um Worte auszutauschen, manchmal waren wir einfach zu erschöpft dafür. Und trotzdem fanden wir Zuflucht beieinander, wussten Dinge übereinander, ohne dass wir sie aussprechen mussten. Fanden Bestärkung darin, dass es noch eine andere Person gab, die fast vollständig in dieser neuen Situation aufgegangen war.

Genau wie ich arbeitete meine Freundin – zu Beginn, als die Kinder noch klein waren, tageweise sogar in einer anderen Stadt –, aber sonst war sehr wenig übrig geblieben von dem, was uns auch ausmachte. Da war keine Zeit für Literatur und Kunst, für Musik und Politik. An Orten auf der Welt fanden Revolutionen statt, die in Bürgerkriegen endeten, was uns an einem anderen Zeitpunkt in unseren Leben elektrisiert und zu unzähligen Gesprächen und Diskussionen geführt hätte, nun aber war es nur ein Vorgang in der Ferne. Ab und zu stahlen wir uns abends in ein Kino, allein, ganz ohne Kinder. Es war wie ein Ausflug in eine fremde Welt.

Diese Freundin sagte immer, sie hoffe, dass am Ende, wenn man das »Kinderland« wieder verlassen würde, ein paar Freunde übrig geblieben wären. Denn tatsächlich ist man über viele Jahre eine furchtbare Freundin und ein furchtbares Familienmitglied. Ich habe nicht nur die Hochzeit meiner ältesten Freundin verpasst, der Beerdigung meiner Tante nicht beigewohnt, die ein wichtiger Mensch in meinem Leben war. Ich habe zwei meiner besten Freunde bei ihrer brutalen Trennung nicht unterstützen können. Ich versäumte Umzüge und sprengte abendliche Erwachsenen-Geburtstagspartys, weil ich meine drei Kinder mitbringen musste. Und die Weltlage? Ich hatte das große Glück, in einer Zeitungsredaktion zu arbeiten – jeweils ein Jahr nach den Geburten kehrte ich in den Job zurück –, in der ich die Nachrichtenlage nebenbei aufschnappen konnte. Aber eigentlich war vieles fern, standen die Kinder und ihr Werden im Zentrum des Geschehens. Und war eines krank, dann konnte man manchmal tagelang – auch aufgrund des Schlafmangels – gar keinen klaren Gedanken fassen.

Ein Hauch von Sinn

Kinder großzuziehen, besonders, wenn man mehr als eins hat, ist eine intensive, kraft- und zeitraubende Angelegenheit. Und selbst wenn man es zu zweit macht oder einiges delegieren kann, wenn man Geld hat für eine Kinderfrau oder Haushälterin oder andere Familienmitglieder an seiner Seite, die einen unterstützen, so ist man als Mutter, als Eltern doch im Alltag vorwiegend die Person, die am Abend die Kinder füttert und säubert, eine Geschichte vorliest und dann, wenn sie eingeschlafen sind, die Berge des Chaos beseitigt, die der Tag in Form von Abwasch und schmutziger Wäsche und Unordnung hinterlassen hat, nur, um dann selbst zu schlafen und am kommenden Tag alles wieder von vorn zu starten. Als Alleinerziehende trägt man dies meist allein, aber auch viele Frauen in Paarbeziehungen sind – wie schon beschrieben – nachweislich diejenigen, die sich nach der Geburt des ersten Kindes vorrangig um den Haushalt und die Kinder kümmern. Bisweilen hat man das Gefühl, sich in dieser funktionalen Rolle des fortwährenden Tuns zu verlieren, in den Myriaden von Aufgaben und Anforderungen des Alltags. Simone de Beauvoir schrieb 1949, nur wenige Tätigkeiten hätten so sehr den Charakter einer Sisyphusarbeit wie die einer Hausfrau. »Tag für Tag wird Geschirr gespült, Staub gewischt, Wäsche geflickt, um die Dinge am nächsten Tag wieder schmutzig, staubig und zerrissen vorzufinden. Die Hausfrau verschleißt ihre Kräfte, indem sie auf der Stelle tritt. Sie macht nichts: sie verewigt lediglich die Gegenwart.«[1]

Und dann gibt es diese magischen Momente, in denen man das seltsame Gefühl hat, dass alles Sinn macht: die Haushaltsarbeit, dieses fortwährende Aufräumen, Ordnen und Säubern, Kochen und Abwaschen, dieses Bügeln und Sortieren, neue Kleider besorgen und alte weitergeben. Und auch die Sorgearbeit: das Zuhören und Ermuntern, das Wertschätzen und Trösten. Es sind Momente des Glücks in gänzlich widersinnigen Situationen. Momente, in denen alle zufrieden am Tisch sitzen und keiner meckert, sondern der Apfelkuchen mit Freude verspeist wird. Oder ein später Sommerabend, wenn man müde und erfüllt von draußen nach Hause kommt, voller Sand vom Strand, voller Chlor vom Schwimmbad, voller Erde aus dem Wald. Momente, in denen alles zu stimmen scheint. In denen das Leben so voll zu sein scheint, dass es an nichts fehlt.

Manchmal habe ich mich gefragt, ob ich vielleicht doch eine gute Hausmutter wäre, eine jener Frauen, die nicht arbeiten gehen und ihre gesamte Energie in den Haushalt und ihre Kinder stecken – und das Wohlergehen ihres Mannes, sollte einer vorhanden sein. Abgesehen davon, dass dies schon aus rein finanziellen Gründen für mich unmöglich wäre, erfüllt mich die Vorstellung, nicht arbeiten zu gehen, mit Grauen. Und nach wie vor liegt mein zentrales Interesse nicht darin, meinen Haushalt perfekt zu führen. Präzise Ordnung herzustellen. Jeder Staubfluse nachzujagen. Irgendwie scheint das nicht der Punkt zu sein.

12 Milliarden Stunden unbezahlte Care-Arbeit

Tätigkeiten, die mit dem Haushalt, der Pflege und dem Sich-Kümmern nicht nur um Kinder, sondern auch um Alte oder Kranke zu tun haben, werden zusammenfassend Care-Arbeit genannt. Dieser Begriff wurde vor rund 30 Jahren von Frauenrechtlerinnen ins Spiel gebracht, um darauf aufmerksam zu machen, dass viele Frauen – neben ihrer Erwerbstätigkeit – auch noch einer Arbeit zu Hause nachgehen. Einer Arbeit, die – zumindest im Haushalt – weder bezahlt wird noch hoch im Ansehen steht. Darüber hinaus gibt es auch Millionen von Menschen – ebenfalls mehrheitlich Frauen – in Pflegeberufen, im Krankenhaus, in Altenheimen, in Kindertageseinrichtungen. Auch diese Arbeit ist gesellschaftlich weder besonders hoch angesehen noch immer mit einem angemessenen Lohn versehen. Ganz so, als wäre sie eine unangenehme Erinnerung daran, dass alle Menschen im Laufe ihres Lebens, als Kinder, als Kranke, als Alte, auf andere angewiesen sind und Unterstützung benötigen.

Wie groß der Unterschied in der täglichen Care-Arbeit zwischen Männern und Frauen ist, lässt sich sogar messen. Die Bundesregierung beauftragt in regelmäßigen Abständen eine Sachverständigenkommission, die ein Gutachten erarbeitet, das den Stand der Gleichstellung in der Gesellschaft beschreibt und Maßnahmen empfiehlt. In einem dieser Gutachten geht es um die Care-Arbeit.[2] Die Sachverständigenkommission entwickelte einen Indikator, um zu messen, wie hoch der Unterschied beim täglichen Zeitaufwand für unbezahlte Sorgearbeit von Frauen und Männern ist, der sogenannte Gender Care Gap. Dieser liegt aktuell bei 43,8 Prozent.[3]

Frauen leisten 44.3 Prozent mehr unbezahlte Sorgearbeit als Männer, was direkte Auswirkungen auf ihre finanzielle Situation hat. So arbeiten Frauen eher in Teilzeit, verdienen weniger und werden im Alter eine geringere Rente erhalten.

Oxfam, ein internationaler Verbund verschiedener Hilfs- und Entwicklungsorganisationen, kam vor ein paar Jahren in einer Studie gar zu dem Ergebnis, dass Frauen und Mädchen weltweit »täglich über 12 Milliarden Stunden unbezahlte Hausarbeit (leisten), Pflege und Fürsorge (Care-Arbeit), ohne dass der Wert dieser Arbeit gesellschaftlich und ökonomisch anerkannt wird«. Und führte aus, was dies für die Frauen bedeutet: Männer arbeiten im weltweiten Durchschnitt 6 Stunden und 44 Minuten pro Tag und werden für 5 Stunden und 21 Minuten bezahlt – also für mehr als 80 Prozent ihrer Arbeitszeit. Frauen hingegen arbeiten durchschnittlich 7 Stunden und 28 Minuten am Tag, erhalten aber nur für 3 Stunden und 3 Minuten Lohn – also nur für rund 41 Prozent ihrer Arbeitszeit. Zugleich bleibt, so die Studie, weniger Zeit für die politische Arbeit, und folglich gibt es weniger Möglichkeiten, Einfluss auf die Gesellschaft auszuüben. Der finanzielle Wert der von Frauen geleisteten Hausarbeit, Pflege und Fürsorge beträgt pro Jahr mindestens 11 Billionen US-Dollar.[4]

Geld zu erhalten für das Wäsche-Aufhängen und Staubsaugen – was für eine spektakuläre Vorstellung. Es gibt Gruppen, die genau das fordern, angefangen mit der 1942 im italienischen Parma geborenen Silvia Federici, die 25-jährig zum Studium in die USA ging und später bis zu ihrer Emeritierung Professorin für Politische Philosophie und Internationale Beziehungen in New York war. Gemeinsam mit anderen setzte sie sich schon 1972 mit der International Wages for Housework Campaign (IWFHC) für die Bezahlung von Hausarbeit ein. 1975 gründete sie das Komitee »Wages for Housework« und publizierte eine gleichnamige Streitschrift dazu. »Für uns«, schreibt sie darin und meint Frauen, die außerhalb des Hauses einer Erwerbstätigkeit nachgehen, »gibt es angeblich andere Wege, wirtschaftliche Unabhängigkeit zu erreichen, und das Letzte, was wir wollen, ist, uns als Hausfrau zu identifizieren. Hausfrauen zu werden, ein Schicksal, das wir alle für schlimmer halten als den Tod.«[5] Es geht um eine Sichtbarmachung und eine politische Positionierung. Denn um in der Position zu sein, keine Hausfrau zu werden, als Frau nicht automatisch in diese Rolle gedrängt zu werden, müsse Hausarbeit Geld kosten. Erst dann gäbe es eine Wahl.

Auch die von Lina Schwarz und Sophie Obiger entwickelte App WhoCares will sichtbar machen, wie viel unbezahlte Arbeit vorwiegend Frauen in der Care-Arbeit leisten: »WhoCares ist eine App, mit der du deine tägliche Sorge- und Pflegearbeit zeitlich erfassen und in Lohn umrechnen kannst«, stellt sich die App vor.[6] So misst die App die Zeit, die Nutzer:innen für unbezahlte Sorgearbeit aufbringen – und rechnet gleich aus, wie viel sie verdienen würden, würde dies bezahlt werden. Wählen kann man dabei zwischen dem Mindestlohn, einem durchschnittlichen deutschen Stundenlohn und dem eigenen Stundenlohn, den man in seiner bezahlten Lohnarbeit verdient.

Abgesehen davon, dass es höchst fragwürdig ist, wenn man erst einmal eine Zeiterfassung anschalten muss, bevor man sich der Sorgearbeit widmet: *Äh, sorry, Kind, warte mal kurz mit deinem aufgeschürften Knie, warte mal kurz mit deinem Kummer über die Freundin, ich muss erst einmal meine App starten,* gibt es im Hinblick auf die Care-Arbeit zu Hause mindestens zwei große, gänzlich unbeantwortete Fragen. Die eine lautet: Wer soll das bezahlen? Der Staat? Der Mann? Die andere, viel zentralere aber: Wollen wir das wirklich? Wollen wir uns dafür bezahlen lassen, dass wir Windeln wechseln, dass wir mit unseren Kindern Zeit verbringen, dass wir ihnen vorlesen, dass wir sie zum Sport begleiten, dass wir sie trösten, dass wir ihnen bei Schulkonzerten und Theaterauftritten lauschen und sie bewundern? Oder dass wir ihnen Essen kochen und mit ihnen gemeinsam am Tisch sitzen? Anders gefragt: Kann der Wert dieser Arbeit wirklich in Geld ermessen werden? Und ist der Lohn nicht ein gänzlich anderer? – Davon ausgeklammert bleiben natürlich die Fragen, ob Menschen in Pflegeberufen nicht besser bezahlt werden sollten und grundsätzlich bessere Arbeitsbedingungen haben sollten. Oder ob man nicht andere Modelle oder eine Umverteilung entwickeln könnte, die Müttern eine bessere Vorsorge für ihr Alter bieten könnte, gerade weil einige von ihnen eine ganze Zeit lang weniger oder gar keiner Erwerbsarbeit nachgehen konnten, kein Vermögen aufbauen und weniger in die Altersvorsorge investieren, da sie sich um ihre Kinder gekümmert haben.

»Sich um einen anderen Menschen zu kümmern, bedeutet in erster Linie, ihm zu helfen, zu wachsen und sich zu verwirklichen«, lauten die ersten Worte des Essays *On Caring* von Milton Mayeroff aus dem Jahr 1971. Darin betrachtet der 1925 geborene und 1979 verstorbene amerikanische Philosoph den Charakter der Sorge und beschreibt detailliert die Erfahrungen, die man beim Pflegen und Betreutwerden macht. Die Pflege ist für ihn keine einseitige Handlung, keine zielgerichtete Dienstleistung, sondern immer ein gegenseitiger Prozess. Ein Prozess der Fürsorge, in dem man den anderen als eigenständiges Wesen anerkennt, das man beim Wachsen und der Selbstverwirklichung unterstützt und beobachtet. Ein Prozess, der nur in einem tiefen gegenseitigen Vertrauen stattfinden kann und der zur Folge hat, dass man auch selbst durch diese Unterstützung und Fürsorge wächst, durch den anderen, aber auch durch den Prozess selbst. Es ist ein Prozess, der dem anderen Geduld schenkt und Raum für die Entwicklung. Ein Prozess, der dem anderen zutraut, »dass er zu seiner eigenen Zeit und auf seine eigene Weise wächst« und auch, dass er Fehler macht und daraus lernt.[7] Ihm zugrunde liegt eine Hoffnung, die »allgemeiner ist als die Hoffnung als spezifische Erwartung«, kein Ausdruck »der Unzulänglichkeit der Gegenwart im Vergleich zur Hinlänglichkeit einer erhofften Zukunft«, sondern vielmehr ein Ausdruck der Fülle der Gegenwart. Einer Gegenwart, die zugleich voller Möglichkeiten und Chancen für die Zukunft ist – dass der andere durch meine Fürsorge wachsen wird – und zugleich vollkommen in ihrem Augenblick, in ihrem Bestehen.[8] Und es ist ein Prozess, der Kontinuität voraussetzt, der unmöglich wird, wenn der oder die Betreuende ständig wechselt.

Milton Mayeroff sagt nicht, dass dies ein einfacher Prozess ist oder einer, der uns nichts abverlangt. Es ist kein Prozess, der gemütlich ist oder reine Freude bedeutet. Im Gegenteil: »Es kann viel Mühsal und Kummer beinhalten, und es muss nicht das reichste kulturelle Leben sein. Aber in einem besonderen Sinne ist es mein eigenes Leben, eines, das in meinem eigenen Wesen verwurzelt und mir nicht fremd ist.«[9]

Der Lohn für meine Arbeit ist das Gedeihen eines Menschen, eines Kindes und zugleich mein eigenes Wachsen in diesem Prozess. Dass in diesem Prozess finanzielle Belange nicht ausgeklammert werden können, habe ich an verschiedenen Stellen klargemacht. Und doch muss man den Prozess für sich nehmen, um wertzuschätzen und verstehen zu können, was Sorgearbeit bedeutet. Sehen zu können, dass es keine funktionale Aufgabe ist, die von einer x-beliebigen Person durchgeführt oder endlos delegiert werden könnte. Die Anerkennung dieses Prozesses bedeutet, Verantwortung zu übernehmen. »Wir selbst wollen gebraucht werden«, zitiert Mayeroff den 1902 in Ungarn geborenen amerikanischen Psychiater András Angyal, der für sein ganzheitliches Modell einer Persönlichkeitstheorie bekannt war. »Wir haben nicht nur Bedürfnisse, wir sind auch stark motiviert, gebraucht zu werden. (…) Wir sind unruhig, wenn wir nicht gebraucht werden, denn wir fühlen uns ›unfertig‹, ›unvollständig‹, und wir können nur in und durch diese Beziehungen vervollständigt werden.«[10] Es ist genau dieses Gefühl, das sich in einem warmen Sommerabend spiegelt, dieser Augenblick, in dem es niemandem an etwas zu mangeln scheint, sich alles in einer feinen Balance zu befinden scheint, ein Stückchen Glück eingefangen ist. Und vielleicht ist dieses Stückchen Glück ein kleines bisschen intensiver für Alleinerziehende, die es, allen Widrigkeiten zum Trotz, gefunden haben.

Um dieses Stückchen Glück zu finden und anzuerkennen, braucht es Hingabe. Es braucht Glauben an den Prozess. Es ist ein Sich-Einlassen auf eine Situation, die man sich selbst ausgesucht hat oder in die man gelangt ist. Die einen bisweilen überfordert. Die einem viel abverlangt. Der französische Schriftsteller und spätere Literaturnobelpreisträger Albert Camus, der 1913 im damals noch von Frankreich besetzten Algerien zur Welt kam, verbrachte seine Kindheit gemeinsam mit seiner aus Spanien stammenden Mutter und seinem älteren Bruder zunächst – in großer Armut – bei seiner Großmutter, da sein Vater, der aus dem Elsass stammte, wenige Monate nach seiner Geburt als Soldat in den Ersten Weltkrieg gegangen und in der Schlacht an der Marne ums Leben gekommen war. Camus' Leben war geprägt von Widrigkeiten. Seine Mutter war Analphabetin, wenig empathisch und fast stumm, er selbst erkrankte an Tuberkulose, was ihm den Weg in den Dienst als Lehrer, den er anstrebte, verschloss. Er wurde aus der kommunistischen Partei ausgeschlossen, seine erste Ehe scheiterte. Mitten im Zweiten Weltkrieg zog er – frisch verheiratet – nach Paris.

Hier erschien 1942 der Essay *Der Mythos des Sisyphos*, an dem er jahrelang gearbeitet hatte. Ein Essay über die Absurdität des Lebens, der sich in seinem letzten Kapitel der griechischen Sage des Sisyphos widmet. Dieser war von den Göttern dazu verurteilt worden, unablässig einen Felsblock den Berg hinaufzuwälzen, von dessen Gipfel der Stein kraft seines eigenen Gewichts unablässig wieder hinunterrollte. Die Götter »meinten nicht ganz ohne Grund«, so schreibt Camus, »es gäbe keine grausamere Strafe, als unnütze und aussichtslose Arbeit«.[11] Doch Camus erkennt, dass Sisyphos nicht ohne Freude ist, denn: »Sein Schicksal gehört ihm. Sein Fels ist seine Sache.« Weswegen er – anders als Simone de Beauvoir – zu der Überzeugung gelangt, für Sisyphos, der sein Schicksal und die Mühsal des Lebens nicht nur anerkannt, sondern beschlossen hat, den Hindernissen und Versuchungen zu trotzen, ohne dabei Hilfe oder Trost zu erwarten, sei alles gut. »Der Kampf gegen Gipfel vermag ein Menschenherz auszufüllen. Wir müssen uns Sisyphos als einen glücklichen Menschen vorstellen«, lauten die letzten beiden Sätze des Essays.[12]

Loslassen. Und mutig sein

Ich treffe Andrea Jeska im Sommer 2022 bei einem Arbeitsessen in Berlin. Ein Dutzend Kolleg:innen, ein feines Restaurant, es gibt Schnitzel und Bier. Ich hatte überlegt, ob ich die Reise nach Berlin auf mich nehmen sollte. Gerade hatte ich meine erste Corona-Erkrankung überstanden und fühlte mich immer noch schlapp. Meine Kinder waren nicht nur allein zu Hause, meine Tochter, damals 16 Jahre alt, wollte noch zu einem Treffen mit Freunden. Wann würde sie nach Hause kommen? Wie würde sie nach Hause kommen? Dieses Loslassenmüssen machte mich ganz kribbelig, und ich hatte mir vorgenommen, am Abend den letzten Zug zurück nach Hamburg zu nehmen.

Mir gegenüber saß eine groß gewachsene, schlanke blonde Frau in einer wunderschön matt glänzenden grünfarbenen Bluse. Andrea Jeska, die als Reporterin auch für die *ZEIT* arbeitet. Eben erzählte sie, wie sie zu Beginn des Ukraine-Krieges mit einem Auto außer Landes geflüchtet war. In Awdijiwka, nördlich von Donezk, weit im Osten der Ukraine war sie am 24. Februar 2022 vom Angriff Russlands überrascht worden. Plötzlich war sie, die sich für Recherchen im Donbass aufgehalten hatte, in einem Land, das sich im Krieg befand. Auch wenn sich die Zeichen in den vorhergehenden Tagen verdichtet hatten, war doch bis zuletzt das Fünkchen Hoffnung nicht verschwunden, Russland werde seine Drohungen nicht wahr machen. Und obwohl sie Kriegs- und Krisensituationen aus ihrer langjährigen Reporterzeit kannte – aus dem Kaukasus, aus Armenien, aus Georgien und vielen Ländern Afrikas –, so war die »Absurdität dieses Zustands (…) größer als das Begreifen«, wie sie später über diese Flucht schrieb, »und so floh ich erst nach zwei Tagen intensiven Gefechtslärms nach Kiew«.[13]

Mit einer bunt zusammengewürfelten Gruppe – Journalisten, Fliehenden, einer afghanischen Familie mit vier Kindern – fand sie Unterschlupf im Haus von Marek Šafin, dem slowakischen Botschafter. »Acht Tage schliefen wir im bombensicheren Botschaftskeller dicht an dicht auf dem Boden, aßen die Vorräte an Pelmeni, an Teigtaschen, tranken den Wodka, lasen jede Nachricht, lauschten auf das Artilleriefeuer, steckten uns mit Covid an.« Schließlich brachen sie auf, stiegen in zehn Wagen und fuhren in den Süden, in Richtung Moldau. 13 Stunden lang über Feldwege und Wälder, durch kleine Dörfer. »Irgendwo in Bratislava saß ein Mann, der uns über GPS-Daten lenkte, damit wir nicht in Gefechte gerieten.« Sie waren alle krank. Sie waren alle übermüdet.

Etwas in mir begann zu brennen. Fühlte ich mich schlecht, weil ich nach der überstandenen Erkrankung noch ein wenig schlapp war? Andere waren in diesem Zustand geflüchtet, ich nur im warmen ICE nach Berlin gereist. Ein Taxi würde mich zurück zum Bahnhof bringen. Andrea Jeska erzählte, wie sie mitten in der Nacht Moldau erreichten. Wie ihnen jemand Tee ausschenkte und die Nachricht übergab, dass es kein freies Hotel mehr gebe. Sie würden weiterfahren müssen, bis nach Rumänien. Nach zwei Stunden Schlaf im Auto setzte sich die Kolonne wieder in Bewegung.

Die Zeit verrann an diesem Abend im Fluge, ich schaute auf die Uhr und erklärte, ich müsse mich bald auf den Weg machen, zum Zug zurück nach Hause. Danach gefragt, warum ich nicht über Nacht bleiben würde, erzählte ich, meine Tochter sei noch unterwegs, ich würde mir ein wenig Sorgen machen, wenn ich die ganze Nacht wegbliebe. Das sei gerade so ein schwieriges Alter. Eine andere Kollegin lachte, sie kenne das und habe es nun aufgegeben, ihrer Tochter immer Geld für das Taxi zu geben. Es sei nicht finanzierbar. Schnell kam die Frage auf, wo denn der Vater sei. Und dann erzählte Andrea Jeska, dass auch sie eine alleinerziehende Mutter sei. Von drei Töchtern.

Als der Vater der Kinder sie verließ, so erzählt sie mir einige Monate später in einem Gespräch, da seien die Kinder 18, 13 und 8 Jahre alt gewesen. Es sei ein Schock gewesen. Drei Jahre lang sei sie zutiefst verzweifelt gewesen. Habe sich wie eine Schnecke aus dem Graben wieder emporgearbeitet. Im Millimetertempo. Wie ein Kartenhaus sei ihr Bild von Bullerbü zusammengebrochen. Von der heilen Familie. Und es habe lange gedauert, bis sie gesehen habe, dass sie die Situation immer sehr idealisiert habe. Dass sie an einem Bild festhing.

Was ihr vor allem Sorgen machte, war die finanzielle Situation. Als freiberufliche Reporterin verfügte sie über kein festes

Einkommen, der Vater der Kinder unterstützte sie finanziell kaum. Es habe Zeiten gegeben, in denen sie nicht gewusst habe, wie sie die nächste Rechnung würde zahlen können. Ob sie die Miete weiterhin würde aufbringen können. Sie habe das Gefühl gehabt, sie stehe »allein gegen die Welt«. Und sie hatte Angst, sie und ihre Kinder würden total abstürzen.

Irgendwie kamen sie durch die Jahre. Gemeinsam. Sie habe ihren Kindern früh sehr viel zugemutet, sagt sie. Vor allem der Ältesten. Die Kinder seien »unglaublich unterstützend gewesen«. »Ohne die hätte ich das nicht geschafft.« Ihre Arbeit als freiberufliche Reporterin habe sie nicht aufgeben wollen. Das sei nicht einfach nur ein Job für sie. Sie habe rausgehen wollen in die Welt. Diese Geschichten erzählen. Es gelingt ihr, ihren Kindern dies zu vermitteln. Heute sagen sie, dass ihre Mutter sie zu starken Menschen erzogen habe. Vor allem die jüngste Tochter, die sie immer mal wieder auf Recherchereisen mitgenommen hat, hat viel von der Welt gesehen.

Als die beiden Ältesten aus dem Haus waren, konnte sie viel von der Verantwortung, die sie jahrelang allein getragen hat, loslassen. Ein befreiendes Gefühl, das sie mit ihrer jüngsten Tochter eine Zeit lang intensiv auslebte. Wenn sie Lust hatten, hätten sie sich um Mitternacht Spaghetti gekocht, einmal sind sie ins Auto gestiegen und einfach nach Venedig gefahren. »Es war ein großer Grad von Freiheit«, sagt sie und resümiert, dass sie den nicht gehabt hätte, wenn sie mit dem Vater ihrer Kinder zusammengeblieben wäre. Schon in der Ehe sei ihr klar geworden, auch wenn sie das damals verdrängt habe, dass sie und ihr Mann Erziehungswerte nicht teilten. Es habe viel zu wenig Klarheit gegeben und keinen hohen Bildungsanspruch. Ihr aber sei das wichtig gewesen. Bis heute würde viel diskutiert in ihrem Haus. Und jeder könne seine Meinung äußern, solange er sie gut begründen könne. Am Ende des Gesprächs frage ich sie, was sie anderen Alleinerziehenden wünscht, da sagt sie: »Viel mehr Mut!«

Nachwort

Man wird ihn brauchen, diesen Mut. Um diese Zeit durchzustehen, um gut durch diese Zeit zu kommen. Doch es ist kein Zustand, der für immer anhält. Kinder bleiben nicht für immer klein. Sie kommen als abhängige Wesen auf die Welt, doch alle Sorge und Fürsorge gilt ihrer Eigenständigkeit. Ihrer Selbstbestimmtheit. Und eines Tages kommt man von der Arbeit nach Hause und niemand ist da. Keines der Kinder hat sich abgemeldet oder ist beim Training. Wo seid ihr, fragt man über einen Messengerdienst und erfährt, dass *vergessen* wurde, nach Hause zu kommen. Dass vergessen wurde, Bescheid zu geben, dass man noch unterwegs sei. Dass es – *ups* – später wird. Und aus den ersten Malen, die man abends allein zu Hause ist, wird Gewohnheit. Die Verlässlichkeit, der Rhythmus, nach dem man jahrelang gelebt hat, löst sich auf. Und die größte Sorge ist nicht mehr, was es zum Abendessen gibt und ob alle gebadet sind und die Wäsche, nachdem sie einen ganzen Tag geduldig in der Waschmaschine ausgeharrt hat, doch noch aufgehängt wird. Sondern, was alles auf dem Weg zurück nach Hause von der Party mitten in der Nacht passieren kann. Oder was, wenn sie sich in einen Zug oder Bus setzen und allein wegfahren. Ein fremdes Land allein entdecken.

Die vierte Dimension des Mutterseins – nach der jahrelangen Versorgung der Grundbedürfnisse, der Pflege und der Sorge für die Sicherheit – fordert brutal ihre Rechte ein: das Loslassen. Jahrelang ist man gebunden in den Aufgaben zu Hause und mit den Kindern, und dann hört sie einfach auf, die Kinderzeit. Freunde der Kinder sitzen jetzt nicht mehr mit am Abendbrottisch und erzählen freimütig von dem, was sie bewegt, sondern sind Unbekannte, die einem bei einem Treffen vielleicht ein *Moin* zuraunen. Und während zuvor alle Details eines Besuchs, einer Feier oder eines Ereignisses bis ins Kleinste erzählt wurden und man erfuhr, wie genau das mit dem Luftballon war oder dem Eichhörnchen im Park, so erfährt man jetzt von ganzen Abenden, ganzen Nächten nur, dass sie *gut* gewesen seien. Und während man früher fragen konnte, wo denn die Knallerbsen in der Jackentasche herkamen, so vermeidet man es nun lieber, überhaupt den Inhalt der Jacken- oder Hosentasche auszuleeren.

Zwischen Eltern und Kindern, zwischen Mutter und Kind entsteht ein neuer Raum, der nur noch manchmal ein gemeinsamer ist. Vieles von dem, was einen gemeinsam durch die Jahre getragen hat, geht unwiderruflich verloren. Lieb gewonnene Worte, die man nur in der Familie genutzt hat und die oft aus der Kleinkinderzeit stammen, verschwinden ebenso wie gemeinsame Ausflüge, gemeinsame Aufenthalte bei Freunden oder gemeinsame Besuche von Eisläden im Sommer. Und zwischen der Trauer über das Verlorene, in neuen schlaflosen Nächten, weil die Kinder unterwegs sind, und dem merkwürdigen Gefühl, abends allein zu Abend zu essen – kochen muss man meist weiterhin, denn auch wenn sie spät nach Hause kommen, haben Teenager scheinbar immer Hunger, selbst wenn sie draußen essen waren –, geschieht etwas Spannendes: Man entdeckt sich selbst wieder. Das neue Ich ist noch ein wenig unbeholfen und unsicher. Kann ich wirklich die ganze Nacht auf eine

Party gehen? Kann ich wirklich zweimal in der Woche zum Sport gehen? Kann ich mich tatsächlich allein zum Frühstücken verabreden? Kann ich ernsthaft ein ganzes Buch am Stück lesen, ohne dass jemand etwas von mir will? Man hat dieses Ich in den vergangenen Jahren ein wenig vernachlässigt und verloren, auch wenn es natürlich immer da war. Aber die Zeit, die man sich gegönnt hat, war immer Zeit, die man nicht für seine Kinder, für Besorgungen, für Notwendigkeiten zur Verfügung hatte. Es war gestohlene Zeit. Jetzt steht sie ab und zu und immer öfter einfach zur Verfügung. Lässt einen übermütig werden und angstvoll. Werde ich sie ausfüllen können? Werde ich loslassen können? An diesem Punkt zeigt sich, welche Spuren diese Jahre hinterlassen haben. Bin ich für immer von Armut geprägt? Wurde ich von meinem Umfeld angenommen und unterstützt? Bin ich gut durch diese Jahre gekommen oder haben sie mich nur ausgelaugt und belastet?

Klar ist: Kinder bleiben einem erhalten. Man wird sich sein Leben lang um sie sorgen. Und sich über sie freuen. Aber die Dimensionen zwischen dem verantwortungsvollen Elternteil und den abhängigen jungen Menschen verschieben sich. Die Beziehung wird noch gleichwertiger. Und verlässt die Ebene des Erziehens und des engen Begleitens. Was bedeutet, da man nicht mehr *erziehend* ist, dass man auch nicht mehr *alleinerziehend* ist. Sondern einfach Mutter.

Anmerkungen

Die Kraft des Alleinseins

1. Hannah Black: The Loves of Others; *The New Inquiry,* 22. Juni 2018; https://thenewinquiry.com/the-loves-of-others; *zuletzt 3. Oktober 2023*
2. Daniel Schreiber: *Allein,* S. 60; Berlin: Hanser 2021[5]
3. Amanda Hess: Mommy Is Going Away for a While; *The New York Times,* 14. Januar 2022; https://www.nytimes.com/2022/01/14/movies/bad-moms-lost-daughter.html; *zuletzt 8. Oktober 2023*
4. *ebd.*
5. Jessamine Chan: *The School For Good Mothers,* S. 14; New York: Simon & Schuster, 2022
6. *ebd., S. 75*

Louise Aston: Die Träume einer Frau

1. Louise Aston: Meine Emancipation, Verweisung und Rechtfertigung; Köpenick 25. Juni 1846; https://scholarsarchive.byu.edu/cgi/viewcontent.cgi?article=1035&context=sophnf_nonfict; *zuletzt 10. März 2024*
2. *ebd.*
3. Stichtag: 18. August 1896 – Bürgerliches Gesetzbuch wird verkündet; https://www1.wdr.de/stichtag/stichtag5870.html; *zuletzt 22. Oktober 2023*
4. *ebd.*
5. Pressemitteilung Nr. 084 vom 6. März 2023: Neuer Indikator »Gender Gap Arbeitsmarkt« erweitert den Blickwinkel auf Verdienstungleichheit; https://www.destatis.de/DE/Presse/Pressemitteilungen/2023/03/PD23_084_621.html; *zuletzt 22. Oktober 2023*

6. Bettina Bab: *Uneheliche und alleinstehende Mütter in der Geschichte und in der Gegenwart; in:* Bettina Bab, Marianne Pitzen, Hrsg.: *Single Moms. Alleinstehende Mütter und ihre Lebenswelten. Historie/Kunst/International.* Katalog zur gleichnamigen Ausstellung S. 14; Frauenmuseum Bonn 2014
7. Wolfgang Hammer: *Fremdunterbringungen gegen den Willen von Eltern und Kindern. 42 Fallverläufe von 2014 bis 2019;* 11.11.2019 https://s62c18cf55e067919.jimcontent.com/download/version/1597313300/module/9882031585/name/42%20Fallverl%C3%A4ufe%20Stand%2011-11-19.pdf; *zuletzt 22. Oktober 2023*
8. *ebd.*
9. *ebd.*
10. Wolfgang Hammer: *Offener Brief an den Familienausschuss des Deutschen Bundestags zur Zunahme »problematischer Inobhutnahmen«.* 13.08.2020 https://s62c18cf55e067919.jimcontent.com/download/version/1597313344/module/10009345185/name/Inobhutnahmen%20Teil%202.pdf; *zuletzt 22. Oktober 2023*
11. Stephanie Ponikau (Vorsitzende der MIA, Mütterinitiative für Alleinerziehende e. V. i. G.) *in:* Poliana Baumgarten: *Kindesentzug durch Familiengerichte. »Sie nahmen mir meine Tochter«;* DIE ZEIT 5. Oktober 2023 https://www.zeit.de/gesellschaft/2023-10/jugendamt-tochter-inobhutnahme-familiengericht-sorgerecht; *zuletzt 22. Oktober 2023*

Astrid Lindgren: Sprung aus der Schlangenhöhle

1. https://www.astridlindgren.com/de/-astrid-lindgren/jugend; *zuletzt 18. März 2022*
2. *ebd.*

Schuld, Scham und der Mut zur Veränderung

1. Olga Stavrova, Detlef Fetchenhauer: *Single parents, unhappy parents? Parenthood, partnership and the cultural normative context;* Journal of Cross-Cultural Psychology September 2014
2. Ümit Yoker: *Wo es Alleinerziehenden gut geht. Es gibt einen weitverbreiteten Konsens: Allein erziehen macht unglücklich. Falsch, sagt die Sozialpsychologin Olga Stavrova;* März 2016; https://www.wireltern.ch/artikel/0316-wo-es-alleinerziehenden-gut-geht; *zuletzt 24. Oktober 2023*
3. Albert Funk, Paul Starzmann: *Alleinerziehend in Deutschland: Überdurchschnittlich armutsgefährdet;* 2.8.2018 https://www.tagesspiegel.de/politik/uberdurchschnittlich-armutsgefahrdet-3975697.html; *zuletzt 24. Oktober 2023*
4. Sheila Heti: *Mutterschaft,* S. 188; Reinbek bei Hamburg: Rowohlt 2020
5. *ebd., S. 49*
6. MDR: *Glücklich ohne Kind: Studie erklärt, warum manche Frauen nicht Mutter*

werden wollen; 27. Oktober 2022 https://www.mdr.de/nachrichten/thueringen/ost-thueringen/gera/gewollt-kinderlos-kinderfrei-frauen-studie-100.html; *zuletzt 25. Oktober 2023*

7. Corinne Maier: *No Kid. 40 Gründe, keine Kinder zu haben,* S. 141; Reinbek bei Hamburg: Rowohlt 2008
8. Isabella Dutton: *The mother who says having these two children is the biggest regret of her life; Daily Mail,* 3. April 2013 https://www.dailymail.co.uk/femail/article-2303588/The-mother-says-having-children-biggest-regret-life.html *zuletzt 25. Oktober 2023*
9. Orna Donath: *Regretting Motherhood: A Sociopolitical Analysis,* S. 343; *Journal of Women in Culture and Society,* 2015
10. Lea Schneider: *Scham,* S. 32; Berlin: Edition Poeticon 2021[2]
11. *ebd., S. 7*
12. https://www.astridlindgren.com/de/uber-astrid-lindgren/jugend; *zuletzt 24. Oktober 2023*
13. Olga Stavrova, Detlef Fetchenhauer: *Single parents, unhappy parents? Parenthood, partnership and the cultural normative context;* Journal of Cross-Cultural Psychology September 2014

Nachdenken über Erziehung

1. Karl Ove Knausgård: *Lieben,* S. 5; München: Luchterhand Literaturverlag 2009
2. *ebd., S. 6*
3. *Dr. Richard Ferber Wants You And Your Baby To Sleep;* WBUR Radio Boston 22. Juli 2011 https://www.wbur.org/radioboston/2011/07/22/ferber-baby-sleep; *zuletzt 5. November 2023*
4. Dr. med. Herbert Renz-Polster, Nora Imlau: *Schlaf gut, Baby!* GU 2022
5. Karl Ove Knausgård: *Lieben,* S. 115 f.; München: Luchterhand Literaturverlag 2009

Begleiten Alleinerziehende ihre Kinder anders?

1. *Children in single-mother-by-choice families do just as well as those in two-parent families;* European Society of Human Reproduction and Embryology July 5, 2017 https://www.sciencedaily.com/releases/2017/07/170705095332.htm; *zuletzt 29. Oktober 2023*
2. Sabine Seichter: *Der lange Schatten Maria Montessoris. Der Traum vom perfekten Kind;* Weinheim: Beltz 2024
3. Jesper Juul: *Dein kompetentes Kind. Auf dem Weg zu einer neuen Wertgrundlage für die ganze Familie,* S. 24; Reinbek bei Hamburg: Rowohlt 2022[19]

Mutter werden. Mutter sein

1. Elif Shafak: *Als Mutter bin ich nicht genug. Mama Milchreis, Frau von Derwisch, Miss Intellektuell und die anderen Frauen in mir,* S. 11 und 27; Köln: Egmont 2010
2. Alexandra Sacks: *The Birth of a Mother, New York Times* 8. Mai 2017 https://www.nytimes.com/2017/05/08/well/family/the-birth-of-a-mother.html; *zuletzt 15. November 2023*
3. Magdalena Martínez-García et al: *Do Pregnancy-Induced Brain Changes Reverse? The Brain of a Mother Six Years after Parturition;* 2021 https://www.ncbi.nlm.nih.gov/pmc/articles/PMC7912216/; zuletzt 8. März 2024
4. Christina Wessely: Das erschreckende Ausbleiben von Mutterliebe, Interview mit Andrea Schwyzer. *NDR Kultur* 18.02.2024; *https://www.ndr.de/kultur/buch/Christina-Wessely-Das-erschreckende-Ausbleiben-von-Mutterliebe,mutterliebe104.html; zuletzt 9. März 2024*
5. Elisabeth Badinter: *Der Konflikt. Die Frau und die Mutter,* S. 14; München: C.H. Beck 2010[2]
6. Mirna Funk: *Hinterfragt euer merkwürdiges Bild der traurigen Alleinerziehenden!; Edition F* 7. Januar 2020; https://editionf.com/hinterfragt-euer-merkwuerdiges-bild-der-traurigen-alleinerziehenden/; *zuletzt 16. November 2023*
7. *Von Elternzeit bis Care-Arbeit: Frauen und Männer im Vergleich;* IU Internationale Hochschule Erfurt 2023 https://static.iu.de/studies/iu-studie-kind-und-karriere.pdf; zuletzt 8. März 2024
8. Elisabeth Badinter: *Der Konflikt. Die Frau und die Mutter,* S. 124; München: C.H. Beck 2010[2]
9. Lucy Jones: *Matrescence. On the Metamorphosis of Pregnancy, Childbirth and Motherhood,* S. 266; London: Allen Lane 2023
10. Connor Garel: *What Toni Morrison Taught The World About Motherhood. Her wisdom extends far beyond the province of literature. Huffpost* 7. August 2019; https://www.huffpost.com/archive/ca/entry/toni-morrison-motherhood-moments_ca_5d4b2662e4b09e7297405c4a; *zuletzt 12. November 2023*
11. Elif Shafak: »*We need honest conversations about what it means to be a mother*« – *Turkish author Elif Shafak Shares A Heartfelt Letter To Her Children. ALLBRIGHT* 25. Juli 2021 https://www.allbrightcollective.com/edit/articles/we-need-honest-conversations-about-what-it-means-to-be-a-mother-turkish; *zuletzt 7. November 2023*

Sind Solomütter anders weiblich?

1. Simone de Beauvoir: *Das andere Geschlecht. Sitte und Sexus der Frau,* S. 334; Reinbek bei Hamburg: Rowohlt 2017[16]
2. *ebd.,* S. 410

3. Deirdre Bair: *Simone de Beauvoir. Eine Biographie,* S. 67; München: Goldmann 1990
4. Simone de Beauvoir: *Das andere Geschlecht. Sitte und Sexus der Frau,* S. 12; Reinbek bei Hamburg: Rowohlt 2017[16]
5. Betty Friedan: *The Feminine Mystique,* S. 1; London: Penguin Classics 1963/2010
6. *ebd.*
7. Maxie Wander: *Guten Morgen, du Schöne. Protokolle nach Tonband.* Mit einem Vorwort von Christa Wolf; Gudrun: *Die noch kämpfen konnten*, S. 203; Berlin: Suhrkamp 2022[2]
8. Natalja Baranskaja: *Woche um Woche. Frauen in der Sowjetunion*, Darmstadt: Luchterhand Literaturverlag 1979
9. Karlie Rice, Ivanka Prichard, Marika Tiggemann, Amy Slater: *Exposure to Barbie: Effects on thin-ideal internalisation, body esteem, and body dissatisfaction among young girls;* Body Image; Volume 19, p.142-149; Dec 2016 https://www.sciencedirect.com/science/article/abs/pii/S1740144516300730; *zuletzt 27. November 2023*
10. Joshua Barrie: *The hidden danger of kids playing with Barbie dolls – revealed by an expert; Playing with the doll just once can have lasting effects; The Mirror* 29. January 2017; https://www.mirror.co.uk/lifestyle/family/hidden-danger-kids-playing-barbie-9716810; *zuletzt 27. November 2023*
11. Anteil der häufigsten Schönheitsoperationen in Deutschland in den Jahren 2018 bis 2022: https://de.statista.com/statistik/daten/studie/221664/umfrage/anteil-der-haeufigsten-schoenheitsoperationen-in-deutschland/; *zuletzt 28. November 2023*
12. Marcus Luft im Interview mit Jil Sander*: »Ich bin scheu – aber auch unerbittlich!«, Gala* S. 92-94; 23. November 2023
13. Luisa Houben: *Warum Depressionen häufiger Mädchen betreffen;* ZDF 11.02.2023 https://www.zdf.de/nachrichten/panorama/depressionen-maedchen-geschlechterunterschied-100.html; *zuletzt 27. November 2023*
14. *https://de.wikisource.org/wiki/Das_Gastmahl_von_Plato_%E2%80%93_Teil_2*

Die politisierte Frau

1. Rulffes, Evke: *Die Erfindung der Hausfrau. Geschichte einer Entwertung*, S. 216; Hamburg: HarperCollins 2023
2. *ebd.*
3. *ebd.*, S. 236
4. Alexandre Dumas der Jüngere: *Mann und Weib (L'homme-femme),* S. 93; Wien, Pest, Leipzig: A. Hartleben's Verlag 1872
5. Olympe de Gouges: *Die Rechte der Frau und andere Texte,* S. 30; Ditzingen: Reclam 1793/2018[4]

6. Maya Wei-Haas: *Prähistorische Jägerinnen widerlegen alte Geschlechterrollen; National Geographic* 12. Nov. 2020; https://www.nationalgeographic.de/geschichte-und-kultur/2020/11/praehistorische-jaegerinnen-widerlegen-alte-geschlechterrollen; *zuletzt 30. November 2023*
7. Bridget Alex: *Worldwide survey kills the myth of ›Man the Hunter‹; Women hunt in vast majority of foraging societies, upending old stereotypes; Science* 28. Juni 2023 https://www.science.org/content/article/worldwide-survey-kills-myth-man-hunter; *zuletzt 30. November 2023*
8. *Schweden kippt feministische Außenpolitik; Tagesschau* 18.10.2022; https://www.tagesschau.de/ausland/europa/regierung-schweden-101.html; *zuletzt 3. Dezember 2023*
9. Auswärtiges Amt: *Leitlinien für feministische Außenpolitik: Außenpolitik für alle* 1.3.23 https://www.auswaertiges-amt.de/de/aussenpolitik/leitlinien-ffp/2584950; *zuletzt 2. Dezember 2023*
10. Mareike Fallwickl: *Die Wut, die bleibt.* Roman, S. 9; Hamburg: Rowohlt 2023
11. Barbara Holland-Cunz: *(Anti-)Feminismus): Was ihr zusteht. Kurze Geschichte des Feminismus,* 23. April 2018, Aus Politik und Zeitgeschichte APuZ; S. 6

Was hat der Feminismus für (Solo)Mütter erreicht?

1. Beate Hausbichler im Gespräch mit Samira Baig: *»Es gibt kein feministisches Gegenkonzept zur Mutterschaft« Feministin und Mama sein: Auch das ist manchmal schwer unter einen Hut zu bringen. Die Soziologin Samira Baig untersuchte, was feministische Mutterschaft für Frauen bedeutet; Standard* 26. September 2023, https://www.derstandard.de/story/3000000188426/samira-baig-es-gibt-kein-feministisches-gegenkonzept-zur-mutterschaft; *zuletzt 18. Dezember 2023*
2. Samira Baig: *Mutterschaft und Feminismus. Eine Studie zu Konzepten feministischen Mutterseins,* S. 231; Opladen, Berlin und Toronto: Budrich Academic Press 2023
3. Ilse Lenz (Hrsg.): *Die Neue Frauenbewegung in Deutschland. Abschied vom kleinen Unterschied. Ausgewählte Quellen;* Wiesbaden: VS Verlag für Sozialwissenschaften 2009
4. Das Konzept DEI (*diversity, equity* und *inclusion*) nimmt die Vielfalt, die Gleichberechtigung und die Inklusion in den Blick; immer mehr Unternehmen weltweit verpflichten sich dazu und verankern es in ihrer Unternehmenskultur – insbesondere im Hinblick auf Rekrutierungs- und Einstellungsprozesse.
5. Lohaus, Stefanie: *Stärker als Wut. Wie wir feministisch wurden und warum es nicht reicht,* S. 234; Berlin: Suhrkamp 2023
6. zit. nach: Ilse Lenz, *ebd.*, S. 39
7. Ute Gerhard: *Frauenbewegung und Feminismus. Eine Geschichte seit 1789,* S. 130; München: C.H. Beck 2022[5]

8. Tadhg Nagel: *Falsche Zahlen genannt: Linke wirft Lindner »Lüge« bei Kindergrundsicherung vor; Frankfurter Rundschau* 8.9.2023 https://www.fr.de/politik/vorwurf-linke-christian-lindner-kindergrundsicherung-gelogen-gruene-paus-reichinnek-fdp-ampel-92508841.html; *zuletzt 19. Dezember 2023*

Auf der Suche nach einem alleinerziehenden Vater

1. https://vaeterzentrum-berlin.de/ueber-uns/leitbild/; *zuletzt 24. Dezember 2023*
2. Pascal Fischer im Gespräch mit Michael Meuser: *»In das Geschlechterverhältnis ist Bewegung gekommen«; Im Rollenverhältnis von Mann und Frau hat sich nach Ansicht des Soziologen Michael Meuser viel verändert. Dennoch werde in der Wirtschaft noch davon ausgegangen, dass Männer keine familiären Verpflichtungen hätten, sagte er im Dlf. Die Coronakrise berge sogar die Gefahr einer Retraditionalisierung. Deutschlandfunk,* 1.6.2020 https://www.deutschlandfunk.de/maenner-in-neuen-rollen-in-das-geschlechterverhaeltnis-ist-100.html; *zuletzt 24. Dezember 2023*

Zu viert auf Quadratmetern

1. *Trotz Arbeit abgehängt: Armutsrisiko von Alleinerziehenden verharrt auf hohem Niveau; Bertelsmann-Stiftung* 15.7.2021; https://www.bertelsmann-stiftung.de/de/themen/aktuelle-meldungen/2021/juli/armutsrisiko-von-alleinerziehenden-verharrt-auf-hohem-niveau; *zuletzt 8. Dezember 2023*
2. Annie Ernaux: *Die Scham,* S. 92; Berlin: Suhrkamp 2022[3]
3. *ebd.,* S. 94
4. Anne Lenze: *Alleinerziehende weiter unter Druck. Bedarfe, rechtliche Regelungen und Reformansätze* (https://www.bertelsmann-stiftung.de/fileadmin/files/Projekte/Familie_und_Bildung/Studie_WB_Alleinerziehende_weiter_unter_Druck_2021.pdf; S. 36; Bertelsmann Stiftung; 2021 – Nach Definition der Überbelegungsquote dürfen sich zwei Kinder unter 12 Jahren unabhängig von ihrem Geschlecht noch ein Zimmer teilen, während dies für Kinder und Jugendliche von 12 bis 17 Jahren nur noch infrage kommt, wenn sie dasselbe Geschlecht haben. Andernfalls gilt ein eigenes Zimmer als angemessen.
5. https://interaktiv.tagesspiegel.de/wem-gehoert-berlin/; *zuletzt 19. März 2022*

Solo-Klassismus

1. Eva Illouz: *Warum Liebe weh tut. Eine soziologische Erklärung,* S. 40; Berlin: Suhrkamp 2011
2. *ebd.,* S. 102
3. https://www.bmfsfj.de/bmfsfj/aktuelles/alle-meldungen/staat-holt-sich-deutlich-mehr-unterhaltsvorschuss-zahlungen-zurueck-214300

4. Usama Al Shahmani: *In der Fremde sprechen die Bäume arabisch,* S. 77; Zürich: Unionsverlag 2022

Kinder sind eine Gemeinschaftsaufgabe

1. Maria Barankow, Christian Baron (Hrsg.): *Klasse und Kampf,* S. 11; Berlin: Claassen 2021
2. *ebd.*
3. Hedwig Richter: *Demokratie. Eine deutsche Affäre. Vom 18. Jahrhundert bis zur Gegenwart,* S. 253 f.; München: C. H. Beck 2020
4. Sighard Neckel: *Status und Scham. Zur symbolischen Reproduktion sozialer Ungleichheit,* S. 231; Frankfurt/New York: Campus 1991
5. Oliver Nachtwey: *Die Abstiegsgesellschaft. Über das Aufbegehren in der regressiven Moderne,* S. 8; Berlin: Suhrkamp 2018[8]
6. *ebd.,* S. 114
7. *ebd.*
8. Heinz Bude: *Solidarität,* S. 148; München: Carl Hanser, 2019
9. Usama Al Shahmani: *In der Fremde sprechen die Bäume arabisch,* S. 156; Zürich: Unionsverlag 2022
10. Marcel Fratscher: *Wer Kinderarmut mit Zuwanderung begründet, befeuert den Rechtspopulismus; Spiegel* 5.9.2023; https://www.diw.de/de/diw_01.c.880588.de/nachrichten/wer_kinderarmut_mit_zuwanderung_begruendet__befeuert_den_rechtspopulismus.html; *zuletzt 10. Dezember 2023*
11. Anne Lenze: *Alleinerziehende weiter unter Druck. Bedarfe, rechtliche Regelungen und Reformansätze;* Bertelsmann Stiftung; 2021 (https://www.bertelsmann-stiftung.de/fileadmin/files/Projekte/Familie_und_Bildung/Studie_WB_Alleinerziehende_weiter_unter_Druck_2021.pdf
12. Ulrike Zartler (Hrsg.): *Wenn Eltern sich trennen. Wie Kinder, Frauen und Männer Scheidung erleben,* Frankfurt am Main: Campus-Verlag 2004 (*Wohlfahrtspolitik und Sozialforschung, 13) (zitiert in:* Samira Baig: *Mutterschaft und Feminismus. Eine Studie zu Konzepten feministischen Mutterseins,* S. 39; Opladen, Berlin und Toronto: Budrich Academic Press 2023
13. Anne Lenze: *Alleinerziehende weiter unter Druck. Bedarfe, rechtliche Regelungen und Reformansätze;* Bertelsmann Stiftung; 2021 (https://www.bertelsmann-stiftung.de/fileadmin/files/Projekte/Familie_und_Bildung/Studie_WB_Alleinerziehende_weiter_unter_Druck_2021.pdf
14. Anne Lenze: *Alleinerziehende weiter unter Druck. Bedarfe, rechtliche Regelungen und Reformansätze;* Bertelsmann Stiftung; 2021 (https://www.bertelsmann-stiftung.de/fileadmin/files/Projekte/Familie_und_Bildung/Studie_WB_Alleinerziehende_weiter_unter_Druck_2021.pdf

15. Mareice Kaiser: *Warum wir ein Steuersystem brauchen, das Alleinerziehende entlastet; Edition F,* 2021 (https://editionf.com/warum-wir-ein-steuersystem-brauchen-das-alleinerziehende-entlastet/; *zuletzt 14. Februar 2024*
16. Michéle Loetzner: *Allein stehend. Süddeutsche Zeitung Magazin,* 10.07.2020; S. 20-25

Nichts ist für immer. Von magischen Momenten

1. Simone de Beauvoir: *Das andere Geschlecht. Sitte und Sexus der Frau,* S. 555; Reinbek bei Hamburg: Rowohlt 2017[16]
2. *Zweiter Gleichstellungsbericht der Bundesregierung;* Bundesministerium für Familie, Senioren, Frauen und Jugend 28.12.2021; https://www.bmfsfj.de/resource/blob/122398/87c1b52c4e84d5e2e5c3bdfd6c16291a/zweiter-gleichstellungsbericht-der-bundesregierung-eine-zusammenfassung-data.pdf; *zuletzt 10. Januar 2024*
3. *Gender Care Gap – ein Indikator für die Gleichstellung;* Bundesministerium für Familie, Senioren, Frauen und Jugend 28.2.2024; https://www.bmfsfj.de/bmfsfj/themen/gleichstellung/gender-care-gap/indikator-fuer-die-gleichstellung/gender-care-gap-ein-indikator-fuer-die-gleichstellung-137294; *zuletzt 10. März 2024*
4. 12 Milliarden Stunden Arbeit – ohne bezahlt zu werden; *Oxfam* 20.1.2020; https://www.oxfam.de/ueber-uns/aktuelles/oxfams-studie-sozialer-ungleichheit-12-milliarden-stunden-arbeit-ohne-bezahlt; *zuletzt besucht 10. Januar 2024*
5. Silvia Federici: *Wages against Housework;* April 1975; https://monoskop.org/images/2/23/Federici_Silvia_Wages_Against_Housework_1975.pdf; *zuletzt 10. März 2024*
6. https://whocares-app.de/; *zuletzt besucht 11. Januar 2024*
7. Milton Mayeroff: *On Caring,* S. 27; New York: HarperPerennial 1971
8. *ebd.,* S. 33
9. *ebd.,* S. 77
10. Zitat von András Angyal *in:* Mayeroff, Milton: *On Caring,* S. XV; New York: HarperPerennial 1971
11. Albert Camus: *Der Mythos des Sisyphos,* S. 141; Reinbek bei Hamburg: Rowohlt 2023[30]
12. *ebd.,* S. 145
13. Andrea Jeska: *Raus aus Kiew! Wie unsere Reporterin ihr eigenes Fluchtauto fuhr, DIE ZEIT* 23. Dezember 2022; https://www.zeit.de/2022/53/ukraine-berichterstattung-reporter-krieg-fotografie; *zuletzt 23. Oktober 2023*

Zum Weiterlesen

Chimamamanda Ngozi Adichie: *We Should All Be Feminists.* London: Harper Collins 2014

Elisabeth Badinter: *Der Konflikt. Die Frau und die Mutter.* München: C.H. Beck 2010

Samira Baig: *Mutterschaft und Feminismus. Eine Studie zu Konzepten feministischen Mutterseins.* Opladen, Berlin & Toronto: Budrich Academic Press 2023

Simone de Beauvoir: *Das andere Geschlecht. Sitte und Sexus der Frau.* Reinbek bei Hamburg: Rowohlt 1951/2017

Heinz Bude: *Solidarität. Die Zukunft einer großen Idee.* München: Carl Hanser 2019

Jessamine Chan: *The School for Good Mothers.* New York: Simon & Schuster 2022

Annie Ernaux: *Die Scham.* Berlin: Suhrkamp 2021

Feminist Lab: *Das Buch, das jeder Mann lesen sollte. In 4 Schritten zum Feministen.* Weinheim: Beltz 2023

Betty Friedan: *The Feminine Mystique.* London: Penguin Modern Classics 1963/2010

Ute Gerhard: *Frauenbewegung und Feminismus. Eine Geschichte seit 1789.* München: C.H. Beck 2022[5]

Olympe de Gouges: *Die Rechte der Frau und andere Texte. Mit einem Essay von Margarete Stokowski.* Ditzingen: Reclam 1793/2018

Sheila Heti: *Mutterschaft.* Reinbek bei Hamburg: Rowohlt 2019

Eva Illouz: *Warum Liebe weh tut.* Berlin: Suhrkamp 2011

Lucy Jones: *Matrescence. On the Metamorphosis of Pregnancy, Childbirth and Motherhood.* London: Allen Lane 2023

Jesper Juul: *Dein kompetentes Kind. Auf dem Weg zu einer neuen Wertgrundlage für die ganze Familie.* Reinbek bei Hamburg: Rowohlt 2009/2022

Jesper Juul: *Pubertät. Wenn Erziehen nicht mehr geht. Gelassen durch stürmische Zeiten.* München: Kösel 2010

Mareice Kaiser: *Wie viel. Was wir mit Geld machen und was Geld mit uns macht.* Reinbek bei Hamburg: Rowohlt: 2022

Ilse Lenz (Hrsg.): *Die Neue Frauenbewegung in Deutschland. Abschied vom kleinen Unterschied. Ausgewählte Quellen.* Wiesbaden: VS Verlag für Sozialwissenschaften 2009

Stefanie Lohaus: *Stärker als Wut. Wie wir feministisch wurden und warum es nicht reicht.* Berlin: Suhrkamp 2023

Corinne Maier: *No Kid. 40 Gründe, keine Kinder zu haben.* Reinbek bei Hamburg: Rowohlt 2008

Milton Mayeroff: *On Caring.* New York: HarperPerennial 1971

Emilia Roig: *Das Ende der Ehe. Für eine Revolution der Liebe.* Berlin: Ullstein 2023

Evke Rulffes: *Die Erfindung der Hausfrau. Geschichte einer Entwertung.* Hamburg: HarperCollins 2023

Lea Schneider: *Scham.* Berlin: Edition Poeticon 2021

Usama Al Shahmani: *In der Fremde sprechen die Bäume arabisch.* Zürich: Unionsverlag 2022

Christine Wessely: *Liebesmühe.* München: Carl Hanser 2024

Danksagung

Viele Menschen haben mich nicht nur in den vergangenen Wochen und Monaten unterstützt. Ihnen allen – auch jenen, die ich nicht namentlich nennen kann – möchte ich herzlich danken!

Ich danke Carmen Kölz und Petra Dorn vom Beltz Verlag für ihr Vertrauen und die sehr gute Begleitung. Ich danke Volker Weidermann für die Ermutigung. Ich danke Ilse Lenz, Heidi Thiemann und Samira Baig für offene Gespräche über den Feminismus. Ich danke Claudia Richarz für ihre Unterstützung. Ich danke Andrea Jeska für ihre Offenheit. Ich danke meinen großartigen Kolleginnen und Kollegen, insbesondere Frauke und Heinrich. Und Anna Mayr. Ich danke all jenen, die ich an meiner Seite weiß: Aleks, Alia, Ariane, Christian, Christina, Dani, Hella, Maike, Marita, Melanie, Micha, Nicole (all of you!!), Nora, Sandra, Schirin, Svenja, Vicky, Wiebke. Ich danke dem Vater meiner Kinder. Ich danke meinem Bruder und seiner Familie sowie meiner Schwippschwägerin.

Ich widme dieses Buch meinen drei wundervollen Kindern.

Über die Autorin

Elisabeth Knoblauch kam in Dresden zur Welt und verbrachte ihre Kindheit in einem kleinen Ort im thüringischen Vogtland. 1984 verließen sie und ihre Familie die DDR als politische Flüchtlinge. Ihre Jugend verbrachte sie im Schwarzwald, ein Auslandsjahr brachte sie an eine Highschool in Nebraska, USA. Nach dem Abitur spielte sie mit dem Gedanken, Architektur zu studieren, und absolvierte Praktika auf Baustellen und in Architekturbüros. Eine Zeit lang lebte sie in Zürich.

Dann nahm sie ein Studium der Politikwissenschaften mit Schwerpunkt Naher Osten auf, zunächst an der Johannes Gutenberg-Universität in Mainz. Nebenbei verkaufte sie europaweit Hardware für eine amerikanische Computerfirma, repräsentierte die Firma auf Fachmessen, für eine Weile unterstützte sie das Sales Team in Crawley, West Sussex. Für das Hauptstudium kam sie an die Universität Hamburg. Und lebte dann ein Jahr lang in Damaskus, Syrien, um in dem noch unter der Herrschaft von Staatspräsident Hafiz al-Assad stehenden Land die arabische Sprache zu erlernen. Nach ihrer Rückkehr baute sie das Fachmagazin für den Orient *zenith* mit auf und war einige Jahre lang Mitherausgeberin.

Ihr Hauptaugenmerk galt den Literaturseiten, die sie konzipierte und betreute. Nicht nur in diesem Rahmen hat sie viele Interviews geführt, u. a. mit Amos Oz, Navid Kermani, Sadik al-Azm, Assia Djebar, David Grossman, Eshkol Nevo, SAID und Leila Slimani.

Seit vielen Jahren ist sie zudem Assistentin in der Politikredaktion der Wochenzeitung *DIE ZEIT*. Mit ihren drei Kindern lebt sie in Hamburg.